DE
LA CAPACITÉ EN FRANCE

AU POINT DE VUE DU MARIAGE

DES ÉTRANGERS DIVORCÉS

—

DE L'ÉTAT DES FRANÇAIS DIVORCÉS A L'ÉTRANGER

AU REGARD DE LA LOI FRANÇAISE

—

NATURALISATION — DIVORCE — MARIAGE

PAR

A. REGNAULT

JUGE D'INSTRUCTION A LA ROCHELLE

<hr>

PARIS

A. MARESCQ AINÉ, LIBRAIRE-ÉDITEUR

20, RUE SOUFFLOT, 20

—

1879

DE LA CAPACITÉ EN FRANCE

AU POINT DE VUE DU MARIAGE, DES ÉTRANGERS DIVORCÉS.
— DE L'ÉTAT DES FRANÇAIS DIVORCÉS A L'ÉTRANGER,
AU REGARD DE LA LOI FRANÇAISE. — NATURALISATION.
— DIVORCE. — MARIAGE.

Le procès de Beauffremont a eu, dans ces derniers temps, un immense retentissement en France et à l'étranger. Les débats de cette affaire sont encore présents à tous les esprits. En France (1), en Allemagne (2), en Italie (3), en Suisse (4), en Belgique (5), des publicistes éminents, de savants jurisconsultes ont étudié dans de remarquables écrits, sous toutes ses faces, la question posée devant les tribunaux français. — L'émotion qui a éclaté dans notre pays et qui s'est répandue au dehors, s'explique facilement. — De quoi s'agissait-il, en réalité ? — D'un différend entre deux époux appartenant à la classe élevée de la société — De révélations dont certaines personnes sont toujours avides ? — De questions de droit neuves et délicates, soumises à l'appréciation de nos magistrats ? —Ce grave procès comportait toutes ces sortes d'attrait. — Mais le débat était plus haut, il visait plus loin. — La vérité est qu'il s'agissait de savoir si, devant la juridiction française, la loi étrangère devait prévaloir sur notre loi nationale. — « Sommes-nous maîtres chez nous, s'écriait Me Bétolaud, dans son éloquente plaidoirie pour le prince de Beauffremont, sommes-nous maîtres de notre droit, de nos institutions sur la famille et sur le mariage ? Voilà la question. »

La thèse soutenue au nom de madame la princesse de Beauffremont est professée par plusieurs publicistes français et étrangers. Ces estimables auteurs parlent d'après leurs convic-

---

(1) Labbé, *Journal de droit international*, 1875. — Daniel de Folleville, *De la Naturalisation en pays étranger des femmes séparées de corps en France*, 1876. — X., *Revue du notariat*, 1876.
(2) Holtzendorff, *Journal de droit int. privé*, 1876.
(3) Guelfi, *Della naturalizzazione, della separazione personale, del divorzio*, etc. Rome, 1876.
(4) Teichmann, *Etude sur l'affaire Beauffremont*. Bâle, 1876.
(5) Rollin Jacquemyns, *La princesse Bibesco devant la justice belge*. Bruxelles, 1876.

tions et leur croyance. Pour nous, nous ne saurions partager leur sentiment.

Nous n'ignorons pas que, chez quelques esprits, il existe une tendance à reculer, sinon à faire disparaître, les limites qui séparent le droit civil du droit naturel, le droit international du droit des gens (1).

On a dit pour madame la princesse de Beauffremont : « La trop rigoureuse territorialité est l'ennemi que le droit international privé doit combattre avec le plus de puissance, parce que c'est là que se trouve le plus grand obstacle à l'harmonie dont il recherche la réalisation. Ce n'est qu'en s'entourant d'une muraille infranchissable qu'une nation pourrait élever la prétention de régir d'une manière absolue les actes qui se passent au delà des frontières. »

Assurément, nous ne pensons pas que notre législation soit la meilleure qu'il y ait au monde, et nous n'entendons point, par une ambition folle et ridicule, l'imposer aux étrangers. Personne n'a le droit de dire : *Legis ad exemplum totus componatur orbis.* — Mais, nous pensons aussi que, maîtres chez nous, nous avons le droit incontestable de repousser une loi étrangère qui serait en opposition avec les principes fondamentaux de notre législation.

Tout le monde admet que chaque nation possède seule et exclusivement la souveraineté et la juridiction sur toute l'étendue de son territoire.

(1) On connaît les définitions romaines. Droit civil : « *Vocatur jus civile quasi jus proprium ipsius civitatis.* Droit des gens : *Quod naturalis ratio inter omnes homines constituit, id apud omnes populos peræque custoditur, vocatur jus gentium quasi quo jure omnes gentes utuntur.*

Les rédacteurs du Code, disciples de Grotius et de Montesquieu, ont défini ce droit : « La *raison universelle*, la *suprême raison* fondée sur la nature. — Les lois positives ne doivent être que le droit réduit en règles positives, en préceptes particuliers. — *La raison en tant qu'elle gouverne indéfiniment tous les hommes s'appelle droit* NATUREL. »

Suivant Vattel (*Droit des gens*, préface) : « Le *droit des gens* n'est autre chose dans son origine *que le droit naturel appliqué aux nations.* »

« La dénomination *international law* nous vient, dit Fœlix, des auteurs qui ont écrit dans la Grande-Bretagne et dans l'Amérique du Nord. Cet auteur définit le droit international : « L'ensemble des principes « admis par les nations civilisées et indépendantes pour régler les rapports « qui existent ou peuvent exister entre elles, et pour décider les conflits entre « les lois et usages divers qui les régissent. » Fœlix, *Traité du droit int. privé*, préface. — Si l'on veut remonter aux sources du droit international, voir l'important et remarquable ouvrage de M. Wheaton : *Eléments du droit international.* Cet ouvrage a paru à Londres en 1836 et a été traduit pour la première fois en français en 1847. — Une association qui a pris naissance en Amérique s'occupe de la réforme et de la codification du droit des gens. (*Ann. de lég. étr.*, mai 1878.)

Les relations multiples qui existent entre les sujets des divers États, leurs rapports fréquents, leurs intérêts souvent mêlés par suite des communications devenues si faciles et si rapides entre tous les pays, exigèrent que partout on accordât aux lois étrangères des effets plus ou moins étendus. Ces effets sont réglés, soit par les lois promulguées dans chaque pays, soit par des traités conclus entre les nations. Chaque peuple reste entièrement libre d'admettre ou de repousser les lois étrangères. Il se détermine par des motifs de convenance ou d'utilité que lui seul a droit et pouvoir d'apprécier. Dans tous les cas, quels que soient les mobiles qui l'inspirent, l'application des lois étrangères est toujours faite comme une concession et ne saurait jamais être exigée comme un droit. « L'application des lois étrangères, dit Fœlix, ne peut résulter que de la bonne volonté de la nation sur le territoire de laquelle les lois étrangères sortiront leurs effets, sauf aux autres nations à agir par voie de rétorsion. » M. Dalloz, de son côté, s'exprime ainsi : « En dehors des traités, il est admis, par une espèce de courtoisie qui s'observe généralement entre nations, que par cela même que chacune d'elles veut que ses sujets soient régis par leur loi personnelle, même en pays étranger, elle doit tolérer également que la loi personnelle de tout étranger résidant sur son territoire suive cet étranger et serve à déterminer son état et sa capacité. » Il ne nous semble donc pas exact de dire : Une nation ne pourra faire respecter ses lois à l'étranger que si elle respecte elle-même les lois étrangères. Le principe de l'indépendance des États s'oppose, suivant nous, à ce qu'une nation puisse rien exiger, sous ce rapport, d'une autre nation. Le seul droit qu'elle puisse exercer, c'est, dans son territoire, d'agir vis-à-vis des étrangers de la même façon que le gouvernement des pays auxquels ces étrangers appartiennent agit à l'encontre de ses nationaux. C'est ce que Fœlix appelle agir par voie de rétorsion ou par *représailles*.

La règle rappelée par M. Dalloz, en vertu de laquelle il est admis, par un accord tacite entre nations civilisées, que les juges des divers pays doivent, dans certains cas, s'inspirer des lois étrangères et appliquer ces lois, est toute moderne. L'histoire du droit romain ne nous révèle l'existence d'aucun accord de cette nature. Les peuples anciens n'ont point cherché quels sont les principes de justice qu'on doit appliquer pour régler les relations mutuelles des nations. (Ce point de vue, a écrit M. de Savigny, d'une communauté de droit entre les États indépendants qui tend à régler d'une manière uniforme la collision des différents droits positifs, était étranger aux Romains. Il a fallu l'impulsion extraordinaire donnée aux relations des peuples, dans les temps modernes, pour faire établir et reconnaître ces principes généraux) (1).

Grotius et les publicistes de son école sont considérés comme les fondateurs de la science du droit des gens moderne. Ils ont enseigné que le droit naturel doit être appliqué aux relations des États indépendants.

Certains auteurs ont cru trouver les causes de cette entente commune (2) entre les peuples dans la civilisation et le christianisme ; — d'autres l'attribuent à la double influence du christianisme et du commerce. Il est vraisemblable que les nations civilisées ont été portées à adopter certaines règles de justice pour décider leurs différends et maintenir entre elles l'harmonie par l'adoucissement des mœurs, l'influence bienfaisante de la religion du Christ, les rapports multiples des sujets d'un Etat avec ceux d'un autre Etat, enfin, les nouveaux besoins de la vie qui rendent tous les peuples tributaires les uns des autres. L'intérêt, l'utilité, la nécessité ont dû être les causes déterminantes ou tout au moins principales des concessions qu'il a fallu faire, des obligations auxquelles on a été tenu de se soumettre.

Il appartient au droit des gens de décider si les lois étrangères seront appliquées dans un Etat. L'application des lois étrangères étant admise en principe, se présente une autre question, c'est celle de savoir quelles sont, parmi les lois étrangères, celles qui seront appliquées, et comment, dans chaque espèce, on doit combiner les lois étrangères avec celles du pays, afin d'éviter que les premières n'empiètent sur certaines dispositions de ces dernières qui sont regardées comme fondamentales.

On reconnaît, en effet, qu'il existe dans chaque pays des lois fondamentales : telles sont les lois sur la propriété, sur la famille, l'institution du mariage, auxquelles il ne saurait être dé-

---

(1) *Traité de droit romain*, « System des heutigen rœmischen Rechts, » traduction de M. Guenoux.
(2) Demangeat, *Note sur Fœlix*, t. I, p. 24.

rogé. Un Etat ne peut souffrir que l'on applique dans son territoire des lois qui, selon sa manière de voir, sont contraires à la
morale, à la justice, à l'ordre public, qui seraient une atteinte
aux doctrines reçues, aux traditions suivies, aux croyances religieuses. « Les lois étrangères ne peuvent être invoquées, dit
Fœlix (1), si elles préjudicient au droit de souveraineté, ou aux
droits des nationaux. » Il est manifeste que l'on n'appliquerait
pas en France la loi d'un étranger appartenant à une nation où
elle permet la polygamie, l'inceste et l'esclavage. « De même
toute nation refuse d'appliquer dans son territoire des lois
étrangères fondées sur un égoïsme étroit et consacrant des faveurs ou priviléges au profit de leurs nationaux (2). »

Aucune loi, dit Merlin, ne peut prévaloir contre une prohibition d'ordre public (3). — Le statut personnel de l'étranger
est impuissant contre une prohibition de cette nature (4).

Rien n'est difficile, dans l'état actuel de notre législation,
comme d'établir dans quels cas les lois étrangères sont ou non
applicables.

Si l'on interroge les auteurs, si l'on consulte la jurisprudence,
on trouve partout, dans les recueils d'arrêts aussi bien que dans
les ouvrages des jurisconsultes, des dissentiments profonds.

De quel côté est la vérité ? De quel côté l'erreur ? De part et
d'autre les arguments sont pressants.

S'agit-il, par exemple, de savoir si un étranger, légalement
divorcé dans son pays, peut contracter mariage en France. La
Cour de Paris, dans de nombreux arrêts, s'est prononcée pour
la négative. La Cour de cassation, dans un arrêt mémorable du
28 février 1860, a décidé le contraire. Cette grave question paraissait définitivement résolue. — Dernièrement, le 8 février 1877,
la Cour de Douai s'est prononcée dans le sens de la doctrine de
la Cour de Paris.

Même divergence sur cette question parmi les auteurs (5).

Cherche-t-on à savoir si un Français marié peut se faire natu

(1) *Traité de droit int.*, t. I, p. 28.
(2) Fœlix, *ibib.*, p. 29.
(3) Merlin, *Rép. de jurisp.*
(4) Dalloz, *Lois*, n° 385.
(5) Pour le mariage de l'époux étranger divorcé. MM. Soloman, *Essai
sur la condition juridique des étrangers*. Paris, 1844.—Demolombe, *C. c.*,
t. I, n° 101. — *Contra* MM. Demangeat, *Note sur Fœlix*, t. I, n° 69. —
Mailher de Chassat, *Traité des statuts*. Paris, 1845. — Dalloz.

raliser à l'étranger, y divorcer (1) et contracter un second mariage ; — quels seront les effets de ces changements d'état vis-à-vis du premier conjoint resté en France ; se demande-t-on si une femme française, séparée de corps, peut porter son domicile à l'étranger sans l'autorisation de son mari, changer de nationalité sans l'autorisation maritale, divorcer à l'étranger, convoler à de secondes noces ; quels seront, en France, les effets de ces actes passés à l'étranger : les auteurs et la jurisprudence sont en désaccord. Et pourtant, tout ce qui touche au mariage, à la constitution de la famille, à l'indissolubilité du lien conjugal admise dans certains pays, repoussée dans d'autres, à la situation des époux séparés de corps ou divorcés, aux enfants nés de ces unions malheureuses, sont de graves et importantes questions sur lesquelles il importerait d'être définitivement fixé.

Une loi seule pourra mettre fin à la controverse.

La décision récente de la Cour de Douai nous montre que le dernier mot n'est point encore dit sur la condition de l'époux étranger qui, après avoir divorcé conformément aux lois de son pays, désire contracter mariage en France. — La discussion se trouve ranimée.

Il est intéressant de revenir sur les motifs qui avaient déterminé la Cour de Paris et plusieurs autres cours avec elle, ainsi que sur les motifs que M. le procureur général Dupin a si savamment et si éloquemment fait valoir devant la Cour suprême.

Dans cette matière délicate et difficile, l'écrivain a cette bonne fortune d'avoir pour guider ses pas, quelle que soit l'opinion qu'il embrasse, d'imposantes autorités.

Nous nous proposons d'examiner les deux questions suivantes :

1° Quelle est la capacité en France au point de vue du mariage des étrangers divorcés ?

2° Quel est l'état des Français divorcés à l'étranger au regard de la loi française ?

---

(1) M. Glasson (dans la *Revue de législation*, 1875, p. 532) dit que « les statistiques du canton de Genève constatent que la plupart des cas de divorce concernent des étrangers, surtout des Français qui se font naturaliser Genevois pour obtenir la rupture de leur mariage. »

I

Notre première question peut se formuler ainsi : « *Un étranger légalement divorcé dans son pays peut-il contracter mariage en France*, ou, en d'autres termes, la qualité d'époux divorcé suit-elle l'étranger en France, de manière à l'autoriser, conformément à la législation de son pays, à y contracter un nouveau mariage? — Quelle est la loi qu'on doit appliquer à l'étranger se trouvant en notre pays?»

Pour résoudre cette question, on s'appuie sur des raisons d'ordre différent. D'abord, on se demande quels sont, en cette matière, les principes de la loi française. — Puis, on invoque des considérations morales, historiques et philosophiques.

Que dit notre loi? — Aux termes de l'art. 3 C. c., tout Français résidant à l'étranger doit être régi, pour tout ce qui concerne son état et sa capacité, par la loi de son pays, qu'on appelle loi personnelle ou *statut personnel*. — Par une juste réciprocité, admise par la doctrine et la jurisprudence, l'étranger résidant en France jouit du même privilége, et doit être régi, pour tout ce qui concerne son état et sa capacité, par les lois du pays auquel il appartient. Merlin s'exprime ainsi à ce sujet : « Du principe que les lois françaises concernant l'état et la capacité des personnes régissent les Français même résidant en pays étranger, il suit tout naturellement que par réciprocité les lois qui régissent l'état et la capacité des étrangers les suivent en France, et que c'est d'après ces lois que les tribunaux français doivent juger s'ils ont ou n'ont pas tel état, s'ils sont capables ou incapables (1). »

Cette règle est une exception à ce principe fondamental de droit international : « Chaque nation exerce la plénitude de la souveraineté et de la juridiction dans toute l'étendue de son territoire. D'où il suit, par application de l'adage *exceptio firmat regulam in casu non excepto*, que le principe général reprend toute sa force dès qu'il s'agit d'appliquer une loi étrangère qui statue sur d'autres matières que l'état de la personne. (2). »

(1) Merlin, *Rép. de jur.*, lois. — *Sic* Pardessus, Toullier, Cubain et de nombreux arrêts.
(2) Fœlix, t. l, p. 64.

— Dans le doute sur la personnalité ou la réalité du statut, on doit décider qu'il est réel (1).

La règle que les lois personnelles suivent les personnes, et qu'elles étendent leurs effets au delà du territoire du domicile de l'individu, a été admise par presque toutes les nations (2). — « Par un concours général des nations, une déférence presque nécessaire, les statuts qui règlent l'état et la condition des personnes se portent dans toutes les coutumes. Elles ont établi entre elles, à cette occasion, une espèce de droit de parcours ou d'entrecours pour le plus grand besoin du commerce et de la société entre les hommes (3). » — « Le consentement général des nations civilisées a voulu que ce qui concerne la capacité d'un individu se réglât par les lois du pays auquel il appartient (4). »

A la différence du statut personnel, qui suit l'étranger en quelque lieu qu'il porte ses pas, qui s'attache à sa personne comme une émanation de la puissance souveraine, pour tout ce qui concerne son état et sa capacité, le statut réel s'attache à la terre et l'on dit que les biens sont soumis à la loi du territoire dont ils font partie.

On décide généralement que le statut est personnel, lorsqu'il règle directement et principalement la capacité ou l'incapacité générale et absolue des personnes pour contracter. — Le statut est réel, lorsqu'il a principalement et directement les biens pour objet (5).

S'il est constant que la capacité de l'étranger doit être appréciée, en principe, par les lois de son pays, ou, si l'on veut, par la législation qui forme son statut personnel, on n'hésita point à reconnaître que le statut personnel de l'étranger ne peut pas s'imposer à nos tribunaux toutes les fois qu'il blesse des dispositions d'*ordre public* édictées par la loi française (6).

L'art. 6 C. c. dispose, en effet, qu'on ne peut déroger par

---

(1) Boullenois, *Traité*, t. I, p. 107.

(2) Autriche, Prusse, Belgique, Pays-Bas. En Angleterre et aux États-Unis, on trouve un principe analogue à celui de l'art. 3 C. c., dans ce que les auteurs appellent l'*allegiance*. (V. Fœlix.)

(3) Boullenois, *ibid.*

(4) Pardessus.

(5) Dalloz, *Lois*, n° 388.

(6) Valette *sur Proudhon*, t. I, p. 85. — Demolombe, t. I, n° 100. — Massé et Vergé, *sur Zachariæ*, t. I, § 29.—Bourges, 26 mai 1858. S. V. 58, 2, 532.

des conventions particulières aux lois qui intéressent l'*ordre public* et les bonnes mœurs. Nos lois ne contiennent rien de particulier en ce qui concerne les étrangers. Notre Code dit bien, art. 3, que les lois de police et de sûreté obligent tous ceux qui habitent le territoire; mais il ne s'explique pas relativement aux lois personnelles de l'étranger. M. Dalloz observe que le projet du C. c. contenait une disposition ainsi conçuea loi oblige indistinctement tous ceux qui habitent le territoire. L'étranger y est soumis pour les biens qu'il possède et pour sa personne pendant sa résidence (1). » Cette rédaction ne fut pas admise. — Elle ne pouvait pas l'être, car, suivant M. Dalloz, « elle soumettait les étrangers à nos lois sur l'état et la capacité, ce qui était contraire aux usages reçus en Europe. » — « Nous considérons le silence du Code, a dit ce même auteur, comme autorisant une certaine latitude dans l'application. — Cette latitude doit consister en ce que la loi personnelle des étrangers, applicable en règle générale, cessera de produire son effet dès que son application sera de *nature à compromettre* un intérêt français. »

A ces articles il y a lieu d'ajouter l'art. 147 C. c. : « On ne peut contracter un second mariage avant la dissolution du premier, » et l'art. 227, même Code : « Le mariage se dissout par la mort de l'un des époux. » — Le procureur de la République, gardien des bonnes mœurs et de l'ordre public, est chargé (art. 190 C. c.) de demander la nullité du mariage du vivant des époux et de les faire condamner à se séparer. La sanction pénale à ces dispositions prohibitives se trouve dans l'art. 340 Code pénal, aux termes duquel l'époux bigame sera condamné aux travaux forcés, et l'officier public qui aura prêté son ministère à ce mariage, connaissant l'existence du précédent, sera condamné à la même peine.

Tel est l'ensemble des articles de loi sur la matière qui nous occupe. — Que conclure de ce qui précède, si ce n'est que l'indissolubilité du lien conjugal en France est d'ordre public, et que l'interdiction du divorce par notre loi est une prohibition d'ordre public?

Dès lors, la question posée se réduit à ces termes : « L'ordre public et les bonnes mœurs en France s'opposent-ils : 1° *à la*

____

(1) *Lois,* n° 385.

reconnaissance de l'état d'époux divorcé de l'étranger ; — 2° à la consécration des effets légaux attachés à cet état ?

Et d'abord, demandons-nous ce que le législateur a entendu par ces mots de l'art. 6 C. c., *l'ordre public et les bonnes mœurs.*

Ces expressions reviennent souvent dans les discours prononcés par les différents orateurs qui ont pris part aux discussions sur le projet du Code civil. Ni Portalis, ni Grenier, ni le tribun Faure ne nous ont dit ce qu'ils entendaient par ordre public et bonnes mœurs.

« Ce n'est que pour maintenir l'ordre public qu'il y a des gouvernements et des lois, disait Portalis. Le maintien de l'ordre public dans une société est la loi suprême..... Quant aux conventions contraires aux bonnes mœurs, elles sont proscrites chez toutes les nations policées. Les bonnes mœurs peuvent suppléer les bonnes lois; elles sont le véritable ciment de l'édifice social, tout ce qui les offense offense la nature et les lois. Si on pouvait les blesser par des conventions, bientôt l'honnêteté publique ne serait plus qu'un vain nom, et toutes les idées d'honneur, de vertu, de justice, seraient remplacées par les lâches combinaisons de l'intérêt personnel et par les calculs du vice (1). »

Le tribun Grenier : « Ce qui constitue l'ordre public tient à l'intérêt de tous, et la loi doit protéger les mœurs. Sans cette mesure, la société veillerait en vain par les lois les plus sages à son repos et à sa prospérité (2). »

Les six premiers articles du C. c. contiennent des principes fondamentaux s'appliquant à toutes les lois. « Les règles renfermées dans ces articles sont autant de principes fondamentaux en législation. Quoiqu'il s'agisse de dispositions générales, leur application n'en est pas moins certaine, et elles sont l'art d'appliquer toutes les lois... Ces maximes doivent servir d'introduction à ce Code auprès duquel toutes les autres n'auront qu'un caractère accessoire (3). »

Enfin le tribun Faure : « ..... Le 1er article établit un nouveau mode de publication. Les autres renferment des maximes que le législateur ne doit jamais omettre, comme le citoyen ne doit jamais les oublier..... tout ce qui intéresse les bonnes mœurs in-

(1) Séance du 4 ventôse an XI. Exposé des motifs.
(2) Rapport au Tribunat (séance du 9 ventôse an XI).
(3) Grenier, *ibid.*

téresse l'ordre public ; — tout ce qui intéresse l'ordre public n'intéresse pas les bonnes mœurs (1). »

Ces divers passages nous font bien comprendre l'importance capitale que le législateur attachait à l'observation des principes qu'il plaçait comme base de l'édifice qu'il se proposait d'élever. — Tous les publicistes ont répété depuis les paroles de Portalis. M. Funck Brentano a écrit : « Les bonnes mœurs ne font pas seulement les bonnes lois, comme le croit Beccaria, les mœurs sont la loi vivante des peuples, sans elles la loi n'est qu'une lettre morte (2). » — « La rénovation morale, a dit M. de Laveleye, voilà la source de tout progrès véritable (3). » Mais ni les passages que nous venons de citer, ni d'autres ne nous expliquent ce que l'on doit entendre par ordre public et bonnes mœurs. Les lois romaines n'étaient pas plus explicites : *Pacta quæ contrà leges constitutionesque, vel contra bonos mores fiunt, nullam vim habere indubitati juris est* (4). — *Privatorum con· ventio juri publico non derogat* (5). — Après une savante dissertation, M. Dalloz arrive à cette conclusion : «... de ces diverses observations, concluons qu'il serait bien difficile de faire des règles générales une jurisprudence pour la distinction des lois qui intéressent l'ordre public et les bonnes mœurs. » M. Dalloz semble s'en rapporter à la sagesse du juge. — « Quand la loi se tait, la raison naturelle parle encore, » a dit Portalis.

Le mariage et l'indissolubilité du lien conjugal sont-ils chez nous des institutions d'ordre public et qui intéressent les bonnes mœurs?

Evidemment, oui. Partout dans les arrêts et dans les livres, nous trouvons que tout ce qui touche à l'institution du mariage, à la constitution de la famille, intéresse l'ordre public et les bonnes mœurs, que la loi prohibitive du divorce est une loi d'ordre public.

Le sentiment unanime des jurisconsultes nous suffit. Nous n'avons pas besoin d'autres preuves.

La raison ne nous dit-elle pas, en effet, que la première et la plus naturelle des sociétés, *c'est la famille?* — Une société,

(1) Discours au Corps législatif, 4 ventôse an XI.
(2) *La civilisation et ses lois*, p. 59.
(3) *Le Socialisme en Allemagne*.
(4) L. 6, C. *De pactis*.
(5) L. 45 ff. *De reg. juris*. « Omnis definitio in jure civili periculosa est : parum est enim, ut non subverti possit. » L. 202, *De reg. juris*.

quelle qu'elle soit, est une réunion de plusieurs familles. La famille n'est pas une création de la loi, elle s'est formée toute seule. Le législatenr, ainsi qu'on l'a justement fait remarquer, n'a eu qu'à définir des rapports naturels.

Si la famille existe dans tous les pays, son organisation varie suivant les lieux, les climats, suivant les conditions morales, sociales et politiques des divers peuples.

« Plus l'union des sexes, a dit M. Jourdan dans son livre sur le droit français (1), plus les mariages seront empreints d'un caractère de moralité, plus les liens de la famille seront puissants et respectés. La polygamie a tué la famille chez les nations musulmanes. »

Le mariage n'est pas en France un simple contrat civil ordinaire auquel on puisse appliquer la règle : *Nihil tam naturale quam eo modo dissolvi quo contrahuntur.* Le législateur du 20 septembre 1792 s'est placé à ce point de vue, et il a fait du divorce le corrélatif du mariage.

Les contrats ordinaires n'intéressent que les contractants, tandis que le mariage intéresse la société tout entière.

Les mœurs aussi bien que les lois ont fait de cette union *un acte solennel* auquel interviennent la puissance publique, qui prend acte de l'engagement des époux, qui le consacre, et la religion qui le sanctifie (2).

Cet acte, nous dit la loi, ne peut être dissous que par la mort de l'un des époux. — Si l'un des époux manque à ses serments, si l'un des époux enfreint la loi qui les unit pour contracter une nouvelle union du vivant de son conjoint, le représentant de la puissance publique, le fonctionnaire préposé à la garde de l'ordre et des bonnes mœurs demandera l'annulation de ce mariage fait en fraude de la loi. — L'époux coupable, ainsi que l'officier de l'état civil qui aura prêté son minis-

---

(1) Ouvrage couronné par l'Institnt, concours de 1872-1873.

(2) Dans l'ancienne législation française, le mariage était considéré comme un contrat également soumis aux lois de l'Eglise et aux lois de l'Etat. Il était un sacrement autant qu'un contrat. Cependant, suivant les catéchistes les plus orthodoxes qui ont de tout temps combattu cette doctrine, la religion chrétienne a toujours considéré le mariage comme composé de trois éléments : Le consentement des parties qui en constitue l'essence; l'acte civil qui garantit la liberté de ce consentement, et le rite sacré qui le sanctifie mais ne le forme pas. (*Principes sur la distinction du contrat et du sacrement,* par M. l'abbé Tabaraud.)

tère à cette action criminelle, seront flétris par la justice et frappés comme des malfaiteurs, « assassins ou voleurs de grand chemin, » d'une peine afflictive et infamante.

Qu'est-ce à dire? — Pourquoi ces sévérités? Pourquoi ces châtiments? Pourquoi mettre en mouvement toutes les forces publiques? — Il s'agit donc d'un grand forfait? — Cet homme, nous dit-on, très-honnête sous tous les autres rapports, est enchaîné avec des forçats, parce qu'il a épousé une seconde femme du vivant de sa première. — Mais, le fait d'épouser une seconde femme du vivant de sa première n'est point un fait immoral en lui-même. Notre ancienne loi permettait le divorce aux juifs et aux protestants. Notre législateur moderne l'a accepté. La plupart des peuples le pratiquent. Une seconde union du vivant du premier conjoint n'est donc point un de ces faits que la morale universelle réprouve.

Ce que la loi punit ne peut être évidemment que la violation . d'un engagement solennel, que le manquement à une disposition prohibitive d'ordre public : « Le mariage ne se dissout que par la mort. »

Nous n'avons point à nous préoccuper, quant à présent du moins, de nos changements de législation et des variations qu'elle a éprouvées. Nous prenons notre législation telle qu'elle est dans son état actuel, et il nous semble logique de croire que son dernier état doit être le plus parfait, que les changements qui y ont été introduits avaient pour cause des vices à corriger, des lacunes à combler; on a dû les opérer, parce que, sans doute, la loi ne répondait plus à nos besoins, parce qu'on sentait la nécessité de prévenir ou de faire disparaître des dangers pour le bien général de la société.

Nous sommes donc amené à conclure que, si l'on a entouré le mariage de formalités publiques et solennelles, si, au cours de l'union conjugale, la loi veille au maintien de cette union avec un soin jaloux, — si l'époux coupable encourt un châtiment terrible, — si l'officier de l'état civil est puni avec la même sévérité, c'est que l'on a considéré que le mariage était un contrat qui intéressait la société tout entière. — S'inspirant de nos traditions, de nos habitudes, tenant compte de notre condition morale, économique et sociale, le législateur a pensé que la famille devait être organisée d'une certaine façon, et que pour arriver au but de moralité et d'ordre général qu'il poursuivait, le lien conjugal devait être déclaré indissoluble.

II

Le divorce étant prohibé dans notre législation, devons-nous reconnaître à l'étranger sa qualité d'époux divorcé?

Il nous semble que oui. — C'est là un fait qui échappe à notre appréciation. — Le divorce a été prononcé sur une terre étrangère conformément à la loi établie. L'époux divorcé à l'étranger doit être époux divorcé sur notre territoire. — La loi personnelle de l'étranger qui suit cet étranger en France, veut qu'il en soit ainsi. Chaque nation souveraine est maîtresse chez elle. Ne pas reconnaître des actes qui émanent de son autorité et accomplis dans la limite de ses Etats ne serait-ce pas s'ingérer dans ses affaires? — Un auteur (1) s'est demandé si, un homme ayant épousé plusieurs femmes dans son pays, et conformément à la loi de son pays, nous devions tenir pour nuls les mariages contractés du vivant de la première femme? Il répond qu'il faudrait voir là tout au moins des mariages *putatifs*.

Nous pensons qu'il ne nous appartient pas de juger la loi d'un pays étranger, et que tous les actes qui y sont accomplis conformément aux lois de ce pays doivent être tenus pour réguliers et valables.

— Devons-nous faire produire à cet état, constaté et reconnu comme régulier, des effets légaux en France?

Nous ne le pensons pas.

Notre motif repose précisément sur ce principe de l'indépendance des nations que nous avons invoqué tout à l'heure. Nous reconnaissons l'état de l'époux étranger divorcé, parce que la loi de son pays a déclaré que l'état de cet homme était tel, et que la loi étrangère n'est point justiciable du pouvoir public en France ou des tribunaux français. Cette concession faite au statut personnel de l'étranger, aucune loi ne nous oblige d'appliquer sa loi personnelle, si cette loi est contraire à une loi d'ordre public en France. — La loi prohibitive du divorce est une disposition fondamentale qui ne peut ni s'effacer, ni disparaître devant la loi personnelle de l'étranger.

(34) Demangeat, *Note sur Fœlix*, t. I, p. 29.

C'est là un principe universellement reconnu. Une nation, avons-nous dit, n'applique les lois d'une autre nation que par convenance (1), concession, courtoisie, *ob reciprocam utilitatem* (2).

— Nous appliquons la loi étrangère en vue de la réciprocité, parce qu'il est utile pour nous, avantageux, que nous procédions ainsi. Ce que l'étranger légalement divorcé et qui veut contracter mariage demande, c'est qu'on lui applique la loi qui régit son état et sa capacité. — Nous lui disons : nous ne ouvons pas modifier votre état.

Mais il nous appartient de ne pas faire en France l'application d'une loi étrangère qui est contraire chez nous à une loi d'ordre public. Il est de principe que le statut personnel de l'étranger ne saurait prévaloir contre une loi de cette nature.

Cette distinction peut paraître subtile de prime abord. Elle nous semble pourtant parfaitement fondée en droit et en raison.

M. Mailher de Chassat (3) fait valoir à ce sujet les considérations suivantes : « Le divorce n'est pas seulement une atteinte grave portée au mariage, il est encore une modification plus ou moins profonde de l'état des personnes dans tous les pays civilisés. Mais, chez nous, il intéresse au plus haut degré les mœurs, l'ordre public, le bonheur, la dignité des familles; il tient même par le lien religieux à notre droit public, car, dans le silence de la loi civile, l'indissolubilité du lien conjugal resterait encore en vigueur chez nous, comme l'une des maximes fondamentales du royaume. Cette dernière considération doit être la même pour tous les pays chez lesquels vivent efficacement encore les dogmes du catholicisme, le respect pour les règles de la foi et de l'antique discipline, l'attachement à la pureté des mœurs. C'est dans cet esprit général et d'après ces considérations que doit être résolue la question suivante (la nôtre)..
Le juge français reconnaît dans l'étranger sa qualité de na-

(1) En droit international, on dit : *comitas gentium* (*convenance réciproque*). « Très-souvent les auteurs et les tribunaux, au lieu de parler de la *convenance réciproque* (*comitas gentium*), sont entrés dans des raisonnements philosophiques. » Fœlix, t. I, p. 26.
(2) Fœlix, t. I, p. 22 et 36.
(3) *Traité des statuts*. Paris, 1845.

tional de tel pays, d'époux divorcé, c'est-à-dire la nationalité même de cet étranger modifiée par celle d'époux divorcé, comme elle pourrait l'être par l'état de mort civilement, de faillite, d'interdiction ou tout autre; et s'il est appelé à statuer sur cette nationalité ainsi modifiée, il aura recours à la loi de l'étranger, qui définit et la nationalité et la modification qu'elle a subie, pour en faire l'application; mais il refusera à cette nationalité ainsi reconnue et constante en France les effets ou les conséquences, même formellement consacrés par la loi étrangère, qui peuvent blesser la législation, les mœurs, l'opinion, l'ordre public français ou les droits des tiers; car, magistrat français, son premier devoir est de faire respecter et d'appliquer les lois de son pays, lorsqu'on se prévaut devant lui d'une législation étrangère pour accomplir un fait qu'elle réprouve. Il refusera donc, dans l'espèce, de consacrer la disposition de la loi étrangère qui autorise l'époux divorcé à se remarier, comme contraire à la loi française. »

III

Après les considérations tirées du droit civil et du droit international privé, les partisans ⋅ système qui admet le mariage de l'étranger divorcé en France invoquent des considérations tirées de la morale, de la philosophie et de l'histoire.

« Si parce qu'après avoir longtemps admis le divorce, a dit M. le procureur général Dupin, notre législation a fini par le répudier, elle est en cela devenue *plus parfaite*, et, si l'on veut, *plus morale*, il n'en faut pas induire que les autres peuples qui ont retenu le divorce dans leurs usages, dans leurs lois, dans leur religion, sont des peuples immoraux, et que les Français, parce qu'ils ne peuvent plus divorcer entre eux, ne puissent pas, sans offenser la morale, épouser des femmes étrangères qui sont devenues libres conformément aux lois de leur pays. — N'abusons pas de ce nom de morale pour nous en attribuer orgueilleusement le monopole. Parmi les choses contraires aux bonnes mœurs, il faut distinguer ce qui blesse la morale de tous les siècles et de tous les peuples de ce qui blesse seulement les mœurs publiques de telle ou telle cité : *Quædam natura turpia sunt, quædam civiliter et quasi more civitatis*, dit Cujas d'après Ulpien. — La loi naturelle défend le meurtre, le vol : ces choses sont contraires aux bonnes mœurs de tous les pays : *natura turpia sunt.* Mais il n'en est pas de même du divorce, il est défendu plutôt par la loi religieuse et civile, *more civitatis,* que par la loi naturelle... »

Suivant M. le procureur général Dupin, notre législation, en répudiant le divorce, est devenue *plus parfaite et plus morale.*

Le divorce n'est point par lui-même un fait immoral. Il est interdit en Italie, en Espagne, en Portugal et en France; — il est permis partout ailleurs. — Notre législateur moderne l'a admis. — Les pays anciens l'avaient adopté. —La loi de Moïse elle-même le permettait au peuple hébreu. Il est donc bien certain que le divorce a été rejeté de nos lois, non parce qu'il blesse la morale universelle, mais parce qu'il blesse la morale telle que nous la comprenons, «*quædam civiliter et quasi more civitatis,* » telle que le législateur, dans un intérêt d'ordre public, a voulu qu'elle soit pratiquée chez nous. — Nous nous faisons de la morale une idée plus exacte que les autres peuples, puisque, d'après M. Dupin, en répudiant le divorce, nous avons rendu notre législation *plus morale et plus parfaite.* Dès lors, si notre loi se trouve sur un point en conflit avec une loi étrangère moins parfaite que la nôtre, il nous semble que rien ne peut nous empêcher d'appliquer notre loi de préférence à la loi étrangère, surtout si la loi étrangère qu'il s'agit d'appliquer fait échec à des dispositions d'ordre public.

Le divorce, nous dit-on, est de *droit naturel.* — Dans l'antiquité, Platon et Aristote admettaient l'esclavage comme de droit naturel. — L'esclavage de la femme, la soumission brutale du fils, furent longtemps des phénomènes aussi naturels que la barbarie du père (1). Suivant quelques écrivains modernes, le droit naturel n'existe pas : « Ce que nous appelons le droit naturel, dit M. Funck Brentano, ce ne sont que des abstractions que nous avons essayé de déduire de nos codes civils et criminels, de notre droit public et privé, de nos aspirations morales et politiques. Chaque état social, chaque époque, chaque homme a les siennes. — Selon le prisme à travers lequel nous regardons les objets, ils changent de forme et de couleur.... Il n'y a pas plus de raison absolue qui dicte leurs actes aux hommes qu'il n'y a de droit naturel qui règle leurs

____

(1) Funck Brentano, *La civilisation et ses lois,* 1876.

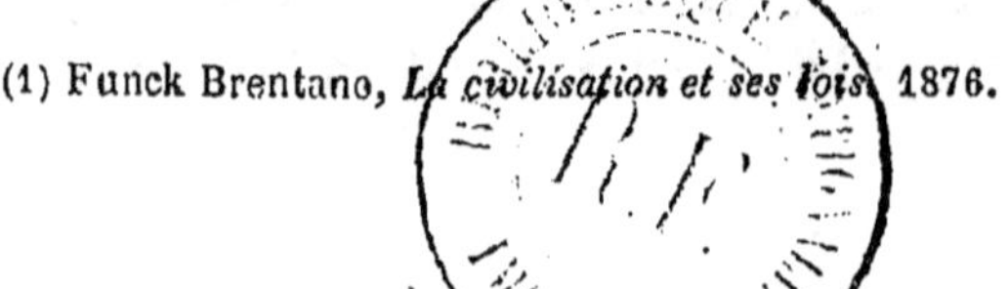

2

relations entre eux…. *Le droit primordial, ce sont les dents et les griffes des tigres et des lions* (1). » Le droit naturel, depuis les travaux de l'école historique allemande, est tombé dans une espèce de discrédit. Pour elle, le droit positif, « ce droit qui naît et se développe avec les peuples, comme leur langue, est tout, il n'y a rien en deçà, il n'y a rien au delà, parce qu'il revêt toutes les formes, parce qu'il se modifie sans cesse avec les besoins (2). »

D'après M. Jourdan : « le droit naturel est celui qui est conforme à la nature des hommes et des choses, c'est l'*idéal* que le législateur doit chercher à réaliser. Suit-il de là que cet idéal soit quelque chose de *déterminé* et d'*immuable* et qu'il en soit du droit comme du vrai, du bien, du beau (3), qu'on ne saurait se représenter que comme des choses éternellement et invariablement les mêmes? — Non. » — Le droit naturel, selon ces auteurs, est quelque chose de variable.

Chaque peuple se forme du droit un idéal à lui. Les préceptes que la raison humaine découvre comme devant servir aux fondements de la loi positive ne peuvent avoir un caractère d'universalité et d'immuabilité, parce qu'ils sont l'œuvre de l'homme et que l'homme a des aspirations qui se modifient selon les temps, les circonstances et les localités.

Quoi qu'on puisse penser des diverses doctrines qui partagent les savants, nous estimons que prétendre que le divorce est de droit naturel, c'est une allégation qui ne démontre rien au point de vue de la thèse que nous soutenons.

La loi positive est la seule qui s'impose à nous. Eh! qu'importe que la morale universelle admette ou n'admette pas le divorce, il nous suffit que la morale, telle qu'on la comprend en France, le repousse. La moralité universelle ne repousse pas plus la polygamie, la polyandrie (4), que le divorce. — Pourquoi repoussons-nous la polygamie et la polyandrie?

(1) Funck Brentano, *La civilisation et ses lois*. 1876.
(2) Dalloz (v° *Droit naturel*), qui cite Savigny.
(3) On a dit : « Le sentiment de ce qui est beau, bien, juste, moral, est le même partout. Ce qui diffère chez chaque peuple et chez chaque individu du même peuple, ce sont les diverses manifestations du bien, du beau, du juste et du moral. »
(4) « Sur la côte du Malabar, dit Montesquieu, dans la caste des Naïrs, les hommes ne *peuvent avoir* qu'une femme, et une femme, au contraire, peut avoir plusieurs maris. » (*Esprit des lois*, l. XIV, ch. 5.)
Dans certains pays de l'Asie, au Thibet, il existe, dit-on, une sorte de polyandrie ou pluralité d s maris. (Jourdan cité *suprà*.)

Avant l'arrêt de la Cour de cassation de 1860, ceux qui discutaient sur notre sujet argumentaient de cette circonstance que les époux, divorcés avant 1816, pouvaient contracter mariage après cette époque. — On disait aussi que le conjoint d'un individu mort civilement (1) par une condamnation afflictive et infamante avait faculté, après la loi du 31 mai 1854, abolitive de la mort civile, de se marier du vivant de l'autre époux. — La morale, ajoutait-on, ne s'offensait point de ces seconds mariages contractés du vivant de l'un des époux.

A cela on répondait justement : Nos lois n'ont pas d'effet rétroactif. — C'est là un principe d'ordre public. — L'époux, divorcé avant la loi du 8 mai 1816, ou le conjoint d'un individu frappé de mort civile, avait une situation acquise sur laquelle il n'appartenait pas au législateur de pouvoir revenir. La loi ne peut statuer que pour l'avenir, il est hors du pouvoir du législateur de modifier des droits antérieurement acquis.

Par le divorce, les époux devenaient libres de contracter de nouvelles unions. La dissolution du mariage, du jour où elle était prononcée, était un fait consommé, irrévocable.

Par la condamnation, le lien conjugal était brisé, anéanti. Le conjoint de l'époux condamné recouvrait toute son indépendance, toute sa liberté d'action.

En quoi les secondes unions auraient-elles pu être considérées comme immorales ? La loi les permettait. Depuis, la législation, devenue *plus morale*, — plus parfaite, a aboli le divorce et la mort civile ; — mais, à l'époque dont nous parlons, les seconds mariages du vivant du premier conjoint étaient permis, parce que la non-rétroactivité des lois voulait qu'il en fût ainsi. Une loi qui aurait porté atteinte à cette sage maxime eût jeté un trouble profond dans les esprits (2).

Notre loi, objecte-t-on encore, n'a établi aucune prohibition pour les étrangers, « nos législateurs auraient pu établir cette prohibition, à l'exemple des Juifs, auxquels il était défendu

____

(1) La mort civile produisait chez le condamné un changement d'état, ou ce que les Romains appelaient *maximam capitis diminutionem.* (Toullier, t. I, nº 179.)

(2) En décembre 1816, certains esprits, obéissant à des tendances fâcheuses, ont proposé une loi qui eût interdit aux époux divorcés, antérieurement au 8 mai 1816, de se marier avant le décès de l'un d'eux. L'opinion publique, justement émue, s'est prononcée contre une semblable loi. Et les projets formés ne furent suivis d'aucun effet.

d'épouser les filles des Amalécites et des Philistins, à l'exemple
des premières lois de Rome, qui refusaient aux plébéiens le
droit de s'allier avec les patriciens... Nos législateurs auraient
pu replacer, comme au moyen âge, la disparité du culte au
rang des empêchements dirimants du mariage... Le législateur
n'a rien pensé, rien osé, rien décidé de pareil. »

Le législateur français avait-il à statuer sur la condition des
étrangers en France? — Leur capacité résulte du droit des gens.
Elle relève du droit international privé (*jus gentium privatum*),
qui, ainsi que le dit Fœlix, comprend l'ensemble des règles
d'après lesquelles se jugent les conflits entre le droit privé des
diverses nations.

Dans chaque pays le législateur a pour premier devoir d'assurer la conservation de l'Etat et la sécurité des citoyens; il a
soumis les étrangers résidant en France, comme les nationaux,
aux lois de police et de sûreté. — Devait-il aller plus loin? Nous
ne le pensons pas; il ne l'a pas fait. De son silence, on ne peut
rien inférer, si ce n'est qu'il a laissé sagement au droit international le soin de trancher des difficultés qui échappaient à sa
compétence.

« Notre législation, dans ses formules générales, qui n'ont
jamais exclu les réels perfectionnements, a dit un éminent magistrat (1), n'est que l'application des principes reconnus en
1789; et ces principes ne sont eux-mêmes que l'expression du
droit antérieur et supérieur aux lois écrites... Sans doute les
entraînements passionnés, les destructions sans mesure qui ont
suivi cette date mémorable (1789), avaient aboli dans l'œuvre
du passé bien des éléments qu'il a fallu reprendre au milieu
des ruines, parce qu'ils étaient la traduction même du génie
français. — Mais c'est ainsi que s'est accomplie à travers de
solennelles expériences, qui ont fait justice de tant d'utopies
qu'on nous offre aujourd'hui comme des nouveautés, l'union
de l'ancienne France et de la France nouvelle. — C'est cette
législation *généreuse, libérale et progressive*, qui doit rester la
base solide de la civilisation du pays, parce qu'elle se concilie
avec toutes les formes politiques et que, sans elle, cette civilisation périrait dans l'anarchie...»

(1) M. de Raynal, procureur général à la Cour de cassation. *Gazette des
Tribunaux*, 19 juillet 1877.

Notre législation est généreuse, libérale et *progressive*. La loi de 1816, a dit M. Dupin, est un progrès sur la loi précédente, elle est plus morale. Au point où notre législation est arrivée, il ne faut donc pas reculer. Pour nous ce serait un pas en arrière que de laisser s'accomplir sous nos yeux, s'introduire dans nos habitudes, des mariages que nos lois repoussent comme contraires à la morale et à l'ordre public.

Prenons garde, l'attachement au sol natal n'a peut-être pas pour certains hommes déclassés ou aventureux cet attrait puissant qui fait battre le cœur de tout vrai citoyen. — Les frontières ne sont plus éloignées. A notre porte le divorce est permis. — Ne peut-on pas craindre qu'à l'aide d'une naturalisation trop facilement obtenue on arrive indirectement à ce que la loi défend? — Et ainsi, peu à peu, un courant s'établissant, on ira chercher sur le sol étranger des facilités que notre loi ne nous offre pas. On reviendra en France, et, protégé par un statut nouveau, on convolera dans le pays même où l'on a résidé, où l'on s'est marié, à une nouvelle union. — Union nulle, dit-on, parce qu'elle est faite en fraude de la loi. — Mais il faut plaider, attirer l'attention publique sur soi ; combien de familles malheureuses préféreront souffrir en silence que de donner leurs misères intimes en pâture à la malignité publique !

Nous aimons les situations nettes. — Qu'on rétablisse le divorce si l'on pense que ce soit un remède efficace contre la dépravation des mœurs ; — que si, au contraire, le divorce paraît un danger public, que l'on ferme avec soin toutes les fissures par lesquelles l'immoralité peut entrer chez nous. — Si l'étranger divorcé peut se marier en France, le Français devenu étranger le pourra également. Une fois qu'il aura renoncé à sa patrie pour prendre une nationalité étrangère, il n'est plus membre de notre grande famille française, il appartient à un autre pays. Son statut personnel est désormais celui de la nation à laquelle il appartient. — Que s'il vient en France et veut y contracter mariage, pourra-t-on lui refuser le mariage comme une peine résultant de son changement de nationalité? Evidemment non, puisqu'il est admis par tous que la patrie ne s'impose à personne, et qu'on peut devenir membre de la nation qui nous convient le mieux. — On parle de fraude à notre loi. — Comment la prouver cette fraude? — Et, d'ailleurs, ne sera-t-il pas possible, en laissant s'écouler, depuis le moment où l'on a quitté la

France jusqu'à l'époque où l'on y revient, un temps assez long, de faire croire que l'on a agi avec une entière bonne foi ? — La fraude ne se présume jamais, elle ne peut résulter nécessairement de cette circonstance qu'après avoir changé de nationalité avec l'autorisation du gouvernement français on veut contracter un second mariage en France.

IV

Enfin, on interroge l'histoire.— « La plupart des peuples anciens et modernes ont admis le divorce, que peut-on craindre dans l'application d'une loi étrangère qui semble être la loi généralement admise par toutes les nations à toutes les époques?»

Le témoignage de l'histoire, loin de nous rassurer, nous effraie sur les conséquences de l'établissement du divorce en France, soit qu'on l'admette franchement, soit qu'on le laisse s'acclimater chez nous par voie détournée.

Dans les siècles voisins de l'état de nature, alors que l'on regardait la multiplication des individus comme le premier besoin de l'Etat, la stérilité était considérée « comme un fléau dans a cité et un opprobre dans la famille. » La répudiation était permise, et non le divorce; le droit de répudiation n'appartint d'abord qu'à l'homme (1).

Un historien nous apprend que la Grèce, dans son âge héroïque, ne connut pas le divorce mutuel. Les lois de Solon le permirent à Athènes; Lycurgue le bannit de Lacédémone.

La loi de Moïse autorisa le divorce, mais il l'entoura de formalités si nombreuses qu'il dut être assez rare (2).

Denys d'Halicarnasse prétend que les premières lois de Rome interdisaient le divorce. Une harmonie admirable régnait entre les époux. Le divorce s'introduisit dans les mœurs romaines, la femme bientôt ne connut plus de bornes à ses débordements.

Juvénal raille les femmes qui trouvent le moyen de changer de maris huit fois en cinq ans. Saint Jérôme parle d'une matrone qui aurait été vingt-deux fois mariée.

---

(1) Voy. le Lévitique ou 3ᵉ livre de Moïse. En Autriche, l'époux israélite a encore le droit de répudier sa femme pour cause d'adultère.

L'adultère, au contraire, n'est point une cause de divorce. (*Ann. de lég. étr.*, t. VI, p. 393. V. Montesquieu, *Esprit des lois*, l. XVI, ch. 15 et 16.)

(2) Desobry, *Dict. biog.*

L'inconstance jeta les femmes dans des unions éphémères, l'ambition y poussa les hommes.

Jules César, Antoine, Octave contractèrent chacun trois, quatre, cinq mariages. Le grave Pompée répudia Antistia pour épouser une femme déjà mariée, bien qu'elle fût enceinte. C'était la petite fille de Scylla. Plus tard, Pompée, au déclin de la vie, désirant s'allier à la famille du Grand Scipion, répudia Julie, fille de César, et épousa Cornélie, qui était de beaucoup plus jeune que lui Voilà quelles furent les conséquences du divorce. Les mœurs publiques à Rome ne s'offensaient pas de cette odieuse perversité.

« Plus heureuses et plus sages, s'écrie Tacite avec tristesse, sont les cités où les vierges seules sont appelées au mariage et ne peuvent qu'une fois ouvrir leurs cœurs aux désirs et aux espérances de l'épouse. »

Cette société épuisée par la corruption touchait à sa fin. Chose merveilleuse, de son sein flétri et agonisant sortit une société nouvelle pleine de force et de vertu. Jésus-Christ a opéré ce fait prodigieux, inouï, la régénération morale du monde païen. — « Jésus, disait dernièrement le père Monsabré 1) dans l'une de ses conférences, — Jésus a entrepris de toutes les choses la plus ardue, changer la face du monde religieux, régénérer le monde moral. »

Et saint Ambroise, enseignant la doctrine nouvelle, put s'écrier: « Vous chassez vos épouses et vous pensez que c'est votre droit. Mais si la loi des hommes le permet, celle de Dieu le défend. Ecoutez cette loi à laquelle vos législateurs doivent obéissance, que l'homme ne sépare pas ce que Dieu a uni : « *quæ Deus conjunxit homo non separat.* »

On trouve dans l'histoire des exemples de mariages de rois ou de princes rompus sur leurs demandes. Si l'on a donné quelquefois, fait remarquer M. Desobry, le nom de divorce à ces actes, c'est par un abus de mots : ce ne sont que des annulations de mariage (2).

Au seizième siècle, Luther proclama la liberté du divorce (3).

En Angleterre, au siècle suivant, l'immortel auteur du *Pa-*

<hr>

radis perau, Milton, qui avait su trouver sur sa lyre poétique de divins accents pour chanter les chastes transports de l'amour conjugal, fut un des premiers à demander, dans une adresse au Parlement, d'admettre le divorce.

En 1779, le duc de Richemont attribuait au divorce la décadence morale de l'Angleterre et en demandait la suppression.

Au dix-huitième siècle parut une école philosophique célèbre : l'*école sensualiste*, représentée par Locke, Condillac, Helvétius, Saint-Lambert. — Cette école, qui n'admettait en métaphysique d'autre principe de connaissance que la *sensation*, en morale que la *fuite de la peine* et la *recherche du plaisir*, détruisit toute obligation, tout devoir, tous droits.

Cette école matérialiste devait produire et a produit de nombreux disciples. Dès la fin du dix-huitième siècle parurent de nombreux écrits politiques qui appliquèrent les principes de cette philosophie à la société et au gouvernement. On proclama que l'individu était le principe et la fin de tout, la société une forme et une simple garantie de la liberté nouvelle, l'idée de Dieu une opinion et la religion une ennemie. Si telles ont été les doctrines reçues à la fin du siècle dernier, rien d'étonnant que le législateur de 1792, qui ne voyait dans le mariage qu'un lien civil, lien dont l'indissolubilité était contraire, suivant lui, à la liberté individuelle, ait admis « la rupture du lien conjugal au nom de la liberté individuelle dont un engagement indissoluble serait la perte (1). »

La liberté individuelle ne permet pas qu'on puisse s'engager dans des liens indissolubles!... Que deviendront les affections de la famille, les devoirs des époux, dans des unions passagères qu'un caprice aura fait naître, qu'un caprice pourra rompre ? Une nation qui a souci de sa conservation, de sa grandeur, ne voit pas dans le mariage un simple accouplement en vue de la multiplication des individus. Elle y voit une institution sociale

---

(1) Décret du 20 septembre 1792. « L'Assemblée nationale, considérant combien il importe de faire jouir les Français de la faculté du divorce, qui résulte de la *liberté individuelle* dont *un engagement indissoluble* serait la perte... »

Dans ces derniers temps, M. Tissot a fait paraître un ouvrage important (*Introduct. hist. à l'étude du droit*). Cet auteur soutient cette thèse : Que l'homme peut *juridiquement abdiquer sa liberté* et se rendre esclave de son semblable. La morale le lui défend et non le droit naturel. Par une contradiction choquante, dit un savant critique, M. Tissot repousse la dissolubilité du lien conjugal et n'admet pas que des époux puissent partiellement aliéner leur liberté dans l'union matrimoniale.

de l'ordre le plus élevé dans laquelle chaque époux a des devoirs à remplir, devoirs des époux l'un envers l'autre, devoirs des époux envers leurs parents, devoirs des époux envers leurs enfants et envers la patrie. « Mariez-vous, disait Métellus aux Romains, si ce n'est pour votre agrément, que ce soit pour la prospérité de la patrie. » Mais les Romains, rapporte l'historien, restaient sourds à cet appel. Ils aimaient mieux consacrer leur vie aux plaisirs que d'assumer des charges et des devoirs dont ils avaient désappris à connaître les joies et les douceurs. « Si notre mère ne nous apprend pas l'amour d'autrui, si notre père ne nous enseigne pas l'amour du travail, et si, tous deux, dans leur union, ne nous donnent pas le pressentiment de l'affection de tous, comment l'amour de la famille, le dévouement à la patrie, l'ardeur au travail, peuvent-ils prendre des racines profondes dans nos cœurs ?... C'est par la décadence de l'esprit de famille que commence toute décadence sociale (1). »

Fait digne de remarque et qui peint bien l'esprit du temps, c'est en vue de régénérer les mœurs publiques que la proposition du divorce fut présentée par Aubret du Bayet (2) dans la séance du 30 août 1792.

L'expérience ne fut pas heureuse. En l'an XI on avait sous les yeux les tristes résultats du décret du 20 septembre. M. Treilhard dit alors : « Le divorce en lui-même ne peut pas être un bien, c'est le remède d'un mal. » Et Napoléon au sein du conseil d'État prononça ces paroles éloquentes : « ..... Ce serait un grand malheur que le divorce passât dans nos habitudes. Qu'est-ce qu'une famille dissoute? que sont des époux qui, après avoir vécu dans les liens les plus étroits que la nature et la loi peuvent former entre des êtres raisonnables, deviennent tout à coup étrangers l'un à l'autre, sans néanmoins pouvoir s'oublier? que sont des enfants qui n'ont plus de père, qui ne peuvent confondre dans les mêmes embrassements les auteurs de leurs jours, qui, obligés de les chérir et de les respecter également, sont, pour ainsi dire, forcés de prendre parti entre eux , qui n'osent rappeler en leur présence le déplorable mariage dont ils sont les fruits? »

En 1831, 1832, 1833, 1834, et « tout dernièrement dans notre

____

(1) Funck Brentano.
(2) « Dès que le divorce sera permis, disait-il, les nœuds du mariage seront plus étroits, le divorce sera très-rare. »

Parlement, » plusieurs propositions en faveur du rétablissement du divorce furent faites à la Chambre des députés et adoptées par cette chambre, mais elles furent rejetées par la Chambre des pairs.

Que conclure de ce qui précède ? — Le divorce est la source de graves abus. — Il favorise la dissolution des mœurs et il détruit l'esprit de famille ; il est contraire à nos traditions, à nos mœurs. L'expérience a été faite et l'expérience n'a pas été favorable à cette institution. Sans doute, dans bien des cas, la séparation de corps n'est qu'un remède insuffisant, et il semble que le divorce seul puisse atténuer des souffrances que nous déplorons ou prévenir des maux dont nous sommes les témoins attristés. — Mais, la bonté d'une disposition législative ne se juge pas par quelques cas particuliers. Il faut porter ses regards plus haut, envisager l'intérêt général, le bien public, et voir si, dans l'intérêt de la famille, de la société, il ne vaut pas mieux maintenir une séparation qui permet à des époux, un instant égarés, de reprendre la vie commune, que de rendre impossible tout rapprochement, tout oubli, tout pardon. — Nous ne partageons donc pas la manière de voir d'un célèbre historien contemporain quand il dit : « La séparation de corps substituée au divorce, n'est-ce pas le divorce lui-même avec tous ses inconvénients et sans ses avantages? Le résultat ordinaire de ces unions brisées, n'est-ce pas pour les enfants l'abandon ou la ruine ; pour les époux, la sanction d'une existence vouée le plus souvent au désordre, et offrant presque toujours le scandaleux spectacle d'un double et public adultère (1)? »

Non, cela n'est pas exact, l'époux qui a obtenu la séparation de corps ne nous donne pas toujours et presque *fatalement*, comme on semble le dire, cet affligeant spectacle.

Qu'au théâtre, que dans les romans, que dans certains journaux, amis du scandale, et qui imaginent souvent des faits controuvés, quand la chronique scandaleuse leur fait défaut, on nous montre, comme un fait habituel de la vie, la femme manquant à ses devoirs les plus sacrés, et d'épouse et de mère, et le mari dissipant follement la fortune commune pour d'ignobles créatures, c'est là un des travers de notre époque.—La litté-

---

(1) De Vaulabelle, *Hist. des deux restaurations*, t. V, p. 106.

rature est corrompue parce que les mœurs sont mauvaises (1), et les mœurs sont dissolues parce que d'imprudents écrivains étalent trop facilement sous nos yeux des récits fictifs ou vrais dont les héros criminels trouvent parmi nous de trop nombreux imitateurs.

M. de Vaulabelle pense-t-il que le divorce ferait disparaître le scandale dont il parle? — Montesquieu ne le pense pas : « Il en est de la luxure comme de l'avarice, elle augmente sa soif par l'acquisition des trésors (2). »

V

Avant de terminer cette première partie de notre travail, nous mettrons sous les yeux du lecteur quelques décisions de la jurisprudence.

Le 31 juillet 1824, le tribunal de la Seine repoussait la demande formée par Mary Brian, Anglaise d'origine, mariée en 1817, dont le divorce avait été prononcé le 28 février 1821 par la cour consistoriale et métropolitaine de Dublin, et approuvé par le roi sur l'avis de la Chambre des communes, et qui désirait contracter mariage en France avec un sieur Maussion, par les motifs suivants :

« Attendu que le mariage, sous le rapport de la capacité des contractants et des formalités qui doivent être observées, est régi par la législation du pays dans lequel il est contracté; — qu'il est régi, quant aux effets qu'il produit sous le rapport de l'état des personnes, par les principes du droit naturel et du droit des gens; — que c'est par cette raison que les étrangers mariés, en suivant les lois et les usages de leur pays, jouissent en France de l'état d'époux, et leurs enfants de l'état d'enfants légitimes; — qu'à la différence du mariage, le divorce n'est pas admis par toutes les nations; — que parmi celles qui l'ont autorisé, les effets varient suivant les diverses législations, les unes déclarant indistinctement les deux époux capables de contracter un nouveau mariage, les autres, au contraire, donnent cette faculté à l'époux innocent, la refusant à l'époux coupable;

« Attendu que la loi civile en France dispose qu'on ne peut

(1) Sur le dérèglement des mœurs depuis le commencement du siècle. (Voy. exposé des motifs d'une proposition de loi relative à la recherche de la paternité. Sénat, 16 février 1878.)
(2) L. XVI, ch. 6, *De la polyqamie en elle-même*

contracter un nouveau mariage avant la dissolution du premier, et que la loi française ne reconnaît plus le divorce comme un motif de dissolution du mariage;

« Qu'il suit de là qu'une personne engagée dans les liens du premier mariage, même *contracté à l'étranger*, ne peut, à la faveur d'un divorce que la loi française ne reconnaît pas et dont les tribunaux français ne sauraient apprécier les effets, contracter un second mariage en France. »

Appel. — La 1re chambre de la Cour de Paris, présidée par M. le premier président Séguier, rendit l'arrêt confirmatif qui suit (30 août 1824) :

« Considérant, en outre, que, pour obtenir les effets civils en France, le mariage avec une étrangère doit présenter toutes les conditions prescrites par la loi française pour la validité des mariages; que la capacité de l'étranger, résultant du statut personnel de son pays, et l'une des conditions essentielles du mariage, ne peut relever le Français des empêchements dirimants et des prohibitions du Code qui le régit, etc..... »

Au mois de février 1843, un sieur Jakowski, réfugié polonais, voulut se marier en France avec une demoiselle Gentille (Rose), Française. — Refus de l'officier de l'état civil, par le motif que Jakowski était marié dans son pays avec une femme encore vivante.

22 février 1843. — Jugement du tribunal civil de la Seine qui ordonne qu'il sera procédé au mariage :

« Attendu qu'il est allégué et non contesté... que Jakowski a divorcé avec sa première femme aux termes des lois de son pays; — Attendu qu'il résulte des documents représentés relatifs à la législation polonaise que l'époux divorcé peut convoler en secondes noces; — Attendu que, si les lois françaises prohibent le divorce, Jakowski, protégé par les lois de son pays, ne peut éprouver cette objection en France, où le statut personnel est une des principales bases de l'état civil. »

Appel. — « Le statut personnel régit l'étranger en France : — Ce principe est constant, a dit M. l'avocat général, mais seulement lorsqu'il s'agit d'apprécier la qualité, la capacité de l'étranger isolément, sans relation avec la capacité d'un Français; — ... d'un autre côté, le mariage n'est pas une convention privée, c'est une institution d'ordre public, et les lois qui en règlent les conditions sont obligatoires pour tous en France. Le statut personnel de l'étranger ne peut donc prévaloir en cette matière, en tant qu'il est contraire aux empêchements dirimants contenus en la loi française. »

Arrêt. — « Considérant que le mariage est d'ordre public, qu'il est la garantie de la pureté des mœurs et la base sur laquelle reposent la famille et la société tout entière ; — que les lois qui en règlent les conditions sont donc obligatoires pour tous en France, il ne suffit pas à l'étranger de justifier de la capacité résultant pour lui du statut personnel ; qu'il faut encore qu'il ne se trouve dans aucun des cas de prohibition prévus par la loi française ; — qu'aux termes de l'art. 147 C. c., on ne peut contracter un second mariage avant la dissolution du premier..... Considérant que le divorce admis par quelques législations étrangères, et dont les effets varient suivant les lieux, n'est point autorisé en France ; — qu'il n'y est point considéré comme moyen d'opérer la dissolution du mariage ; que le premier mariage de Jakowski reste donc comme un empêchement dirimant et d'ordre public à ce qu'en France il puisse en contracter un second, infirme. » — 28 mars 1843.

M. Demolombe critique les deux arrêts rendus par la Cour de Paris (1). « Cet auteur, dit M. Dalloz (2), nous paraît méconnaître les vrais principes et perdre de vue les causes générales qui ont fait porter la loi de 1816. »

La Cour de Poitiers est allée bien plus loin en prononçant, par arrêt du 5 janvier 1845 (3), la nullité du mariage qu'un Suisse divorcé conformément à sa loi personnelle avait contracté en Suisse avec une Française du vivant de sa première femme.

Voici dans quelle circonstance cet arrêt est intervenu. La séparation de corps ayant été prononcée en France entre deux époux français sur la demande de la femme, le mari quitte la France, se fait naturaliser citoyen du canton de Bâle, fait convertir sa séparation de corps en divorce par le grand conseil du canton, puis épouse une Française qui l'avait suivi en Suisse. — Il revient en France à son dernier domicile. Sa seconde femme étant venue à décès, il retourne en Suisse, y

(1) T. V, n° 101.
(2) *Lois*, n° 395.
(3) S. V. 45, 2, 215.

contracte un troisième mariage encore avec une Française et de nouveau revient en France.

La Cour de Poitiers prononça la nullité des deux mariages contractés en Suisse du vivant de la première femme.

En 1859, le tribunal de la Seine rendait le jugement suivant : « Attendu qu'aux termes de l'art. 147 C. c., on ne peut contracter un second mariage avant la dissolution du premier; que l'art. 227 ajoutait: « Le mariage se dissout par le divorce légalement prononcé; » mais que l'art. 1 de la loi du 8 mai 1816 a décrété l'abolition du divorce; — Attendu que ces dispositions sont applicables à l'étranger qui a obtenu le divorce devant un tribunal étranger, en vertu de la loi de son pays et qui veut se remarier en France, aussi bien qu'au Français lui-même; — qu'en effet le mariage est de droit public, qu'il tend à épurer les mœurs et constitue la base essentielle de la famille et de la société; — que si la capacité pour le mariage est un statut personnel qui suit l'étranger loin de son pays, il est de principe international qu'il ne saurait invoquer cette espèce de statut en France qu'autant qu'il n'y rencontre pas, sur les questions touchant à l'ordre public, des dispositions contraires et prohibitives, telles que l'art. 147 C. c. et l'art. 1er de la loi de 1816; — que d'ailleurs la capacité de l'étranger résultant de son statut personnel ne saurait relever la Française avec laquelle il contracte de l'incapacité dont celui-ci est frappé par les lois de son pays; — Attendu que dans l'espèce l'impossibilité du mariage est d'autant plus absolue qu'il aurait lieu entre la demanderesse et un Français qui est nécessairement régi par la loi française sans aucune restriction; — Attendu enfin qu'il n'est pas permis, ainsi qu'on a voulu le faire, d'assimiler le cas de l'espèce au cas où un Français, divorcé avant 1816, demanderait à contracter un second mariage; qu'en effet, la dissolution du mariage prononcée régulièrement alors est un droit acquis à toujours et que la loi de 1816 n'aurait pu le lui retirer sans devenir rétroactive... »

Appel. —Après une remarquable plaidoirie de M. Dufaure pour l'appelante, dit l'arrêtiste, M. l'avocat général Barbier a conclu à la confirmation, par ce motif que la prohibition du divorce en France tient à l'ordre public et aux bonnes mœurs, et qu'ainsi la célébration du mariage sollicité blesserait ces deux intérêts. Le statut personnel de l'étranger, suivant ce magistrat, ne peut prétendre à dominer nos lois dans leurs dispositions qui touchent à nos mœurs, à nos sentiments les plus intimes, aux scrupules même de nos consciences, à la morale comme nous l'entendons, à l'ordre public comme nous voulons le garantir.

Arrêt. — 4 juillet 1859. — ... « Considérant que la loi du 8 mai 1816 qui, en abolissant le divorce, a consacré en France l'indissolubilité du mariage, a tous les caractères d'une loi d'ordre public ; — que le statut personnel de l'étranger, alors même qu'il lui permet le divorce et lui donne ainsi la faculté de se remarier dans son pays, ne saurait prévaloir sur une loi d'ordre public, à laquelle nul en France ne peut refuser de se soumettre (1)... »

M. Dutruc, qui a publié sous cet arrêt dans Sirey une savante dissertation, termine ses réflexions par cette conclusion : « Ce dernier système celui de l'arrêt ci-dessus) nous paraît le plus conforme soit aux vrais principes du statut personnel, soit à l'esprit de la loi abolitive du divorce (2). »

Le 30 mai 1826, la Cour de Nancy (3) se prononçait en faveur du mariage de l'époux divorcé. — « Attendu, dit cet arrêt, que Charlotte Naas, d'après les lois prussiennes, et sans blesser les principes de la religion qu'elle professe, était devenue au 8 mai 1816 capable de contracter une nouvelle union ; que, pour que cette capacité qu'elle tenait de son statut personnel dût souffrir quelque atteinte à raison de son mariage avec un Français, il faudrait que la loi française *contînt une disposition formelle et non équivoque ;* car les *incapacités sont de droit étroit* et ne peuvent se tirer par induction ou argumentation de l'harmonie qui devrait exister entre les lois civiles et religieuses d'un État ; — que la loi du 8 mai 1816, en abolissant le divorce en France, n'a point privé d'une manière explicite les époux divorcés avant sa publication de la faculté qu'ils avaient de contracter une autre union d'après les dispositions combinées des art. 147 et 227 du Code civil ; que, dès lors, la nullité invoquée par Poirson n'existe réellement que dans l'état actuel

(1) S. V. 59, 2, 401.
(2) *Sic* Dalloz, *Lois,* n⁰ 393. *Séparation de corps et divorce,* n⁰ˢ 505-506. — Mailher de Chassat, *Des statuts,* n° 193. — Demante, t. I, p. 45. — Aubry et Rau, 4ᵉ édit., t. V, p. 129. — Demangeat *sur l'œlix,* t. I, p. 68, note.
(3) S. V. 26, 2, 238.

de la législation française, et que l'on ne pourrait la prononcer sans violer les principes relatifs à l'interprétation des lois. »

D'après la doctrine de cet arrêt, lorsque la loi française ne contient pas une disposition formelle en ce qui concerne les étrangers, la loi personnelle de ces étrangers doit leur être appliquée. — Les divers auteurs qui se sont occupés du droit international professent une opinion contraire. — Sans vouloir revenir sur ce que nous avons déjà dit, il nous suffit de rappeler que l'application des lois étrangères n'a rien d'obligatoire pour nous. Dans cette application, chaque nation souveraine se décide d'après des motifs de convenance ou de réciprocité et ne consulte que son avantage et l'intérêt de ses nationaux.

La théorie de la Cour de Nancy est donc contredite par les principes généralement admis du droit des gens moderne.

Les incapacités, dit l'arrêt, sont de droit étroit. Oui, pour les Français. — Pour eux, la capacité est la règle, l'incapacité l'exception. — Peut-on en dire autant des étrangers ? Leur situation est-elle identique à celle de nos nationaux? — Leur capacité sera celle que nous leur accorderons. — Quelle loi invoquent-ils en France? la loi française ? nullement; leur loi personnelle qui les a suivis dans notre pays. — De quoi s'agit-il donc alors ? — De savoir si le statut personnel de l'étranger doit l'emporter sur la loi française. — D'après la loi française, l'étranger se trouve dans un cas d'incapacité au mariage, — d'après la loi étrangère, il est capable de se marier.— Notre loi prohibitive doit-elle s'effacer devant la disposition permissive de la loi étrangère ? — Voilà la question.

La loi de 1816, objecte-t-on encore, n'a point privé d'une manière explicite les époux divorcés avant sa publication de la faculté qu'ils avaient de contracter une nouvelle union.

La réponse à cette objection est dans la non-rétroactivité de nos lois.

L'arrêt de la Cour de Paris du 4 juillet 1859 fut déféré à la Cour de cassation. — La Cour suprême, après les conclusions de M. le procureur général Dupin, le rapport de M. Sévin, conseiller à la Cour, rendit, le 28 février 1860 (1), sous la pré-

____

(1) Dalloz, p. 1860, 1, 58. S. V. 60, 1, 210. — *Sic* Orléans, 19 avril 1860. S. V. 60, 2, 196. — Laurent, *Princ. du dr. civ.*, t. I, nº 93. — Soloman, *Cond. des étr.*, p. 33. — Demolombe, t. I, nº 1. — Massé *sur Zachariæ.* — Reverchon, *Rev. crit. de lég.*, février 1877.

sidence de M. *Troplong*, premier président, un arrêt qui a cassé l'arrêt de la Cour de Paris.

« Votre arrêt, disait M. le conseiller Sévin, en terminant son remarquable rapport, est attendu avec impatience : il est nécessaire et urgent qu'il fasse cesser les incertitudes qui existent dans la jurisprudence et dans la pratique... Votre arrêt, en rétablissant l'unité dans l'interprétation de la loi, mettra un terme aux craintes et aux menaces qui pourraient être suspendues sur beaucoup de familles. »

Arrêt.— « Attendu que le mariage, en France, est un contrat civil; qu'il ne peut être interdit qu'à ceux qui ont en eux un motif d'empêchement établi par la loi civile ; — Attendu que si l'art. 147 C. Nap. défend de contracter un second mariage avant la dissolution du premier, cette défense n'existe pas toutes les fois que la preuve de la dissolution du premier mariage est rapportée; — que cette preuve est faite de la part de l'étranger marié à l'étranger, lorsqu'il établit que son mariage a été dissous dans les formes et selon les lois du pays dont il était sujet; — que telle est la conséquence du principe, reconnu par l'art. 3 C. c., de la distinction des lois réelles et des lois personnelles; que celles-ci, qui régissent l'état et la capacité des personnes, suivent les Français, même résidant en pays étranger, et suivent également en France l'étranger qui y réside ; — que c'est donc par les lois de son pays, par les faits accomplis dans ce pays conformément à ses lois, que doit être appréciée la capacité de l'étranger pour contracter mariage en France; qu'ainsi, l'étranger, dont le premier mariage a été légalement dissous dans son pays, soit par le divorce, soit pour toute autre cause, a acquis définitivement sa liberté, et porte avec lui cette liberté partout où il lui plaira de résider; — Attendu que ces principes ne reçoivent aucune atteinte, en France, de la loi du 8 mai 1816; — qu'en effet, si cette loi est d'ordre public, et si en conséquence il n'est pas possible d'y déroger par des conventions particulières (art. 6 C. c.), si, par une autre conséquence, il n'est par permis aux tribunaux d'ordonner ou de sanctionner des divorces que les officiers de l'état civil ne pourraient prononcer, la loi de 1816 doit être renfermée dans les limites qu'elle s'est tracées par respect pour les principes du droit les plus incontestés; — que la loi de 1816 n'a pu vouloir et n'a voulu statuer que pour l'avenir et pour la France; qu'elle n'a

atteint, par sa disposition unique, ni les divorces antérieurement
prononcés, ni les divorces prononcés régulièrement à l'étranger;
que si, ce qui n'est pas contesté, un divorce prononcé en France
avant la loi de 1816 a rendu aux époux la liberté de contracter
un nouveau mariage, il en est de même de la liberté acquise
par l'étranger, dans son pays, au moyen d'un divorce qui y
aura été légalement prononcé; qu'il n'y a d'atteinte à l'ordre
public et aux bonnes mœurs ni dans un cas, ni dans l'autre; et
que la loi française, qui ne contient aucune disposition prohi-
bant formellement des mariages contractés dans de pareilles circonstances, n'a fait par son silence que confirmer, d'une part,
le principe de non-rétroactivité des lois, et, d'autre part, le
respect dû aux législations étrangères statuant sur l'état et la
capacité des personnes soumises à leur souveraineté... »

M. Démangeat, qui relate cet arrêt de cassation dans ses notes
sur Fœlix (1), fait à son sujet les réflexions suivantes : « Cet
arrêt de cassation, du moins à mon sens, n'est pas sérieusement
motivé. La Cour affirme, mais ne prouve pas. Elle devrait admettre, pour rester d'accord avec elle-même, que l'officier de
l'état civil français ne peut refuser de marier ensemble le frère
et la sœur, quand leur loi personnelle autorise une pareille
union, et pourtant je crois bien qu'elle reculerait devant cette
conséquence. »

Cet estimable et savant auteur fait remarquer que la Cour de
cassation n'est pas toujours d'accord avec elle-même dans ses
diverses décisions concernant les étrangers. Ainsi, la Cour de
Caen, a jugé, par arrêt du 18 novembre 1852 (2), que l'enfant
naturel né en Angleterre d'un Anglais et d'une Française n'a-
vait pu être légitimé par le mariage en France de ses père
et mère. La Cour d'Orléans a également jugé, le 17 mai 1856 (3),
que les enfants naturels nés en France d'un Anglais et d'une
Française n'ont pu être légitimés par le mariage en France de
leurs père et mère. Ce dernier arrêt a été cassé le 23 novembre 1857 (4).

(1) Fœlix, t. I, p. 70.
(2) S. V. 52, 2, 432.
(3) S. V. 56, 2, 625.
(4) S. V. 58, 1, 293.

Nous avons eu l'honneur, alors que nous étions avocat stagiaire à Paris,
de soutenir, en 1862, devant la conférence des avocats, sous la présidence
de M. Jules Favre, que le mariage contracté en France entre un étranger et

En faveur du pourvoi, on disait : « Si le droit anglais qui, dans l'espèce actuelle, forme le statut personnel du père, n'admet pas la légitimation par mariage subséquent, il suffit pour que le droit anglais soit inapplicable que ce mode de légitimation soit admis par la loi française qui forme le statut personnel de la mère et des enfants, car, il est de règle que, dans le conflit du statut étranger et du statut français, c'est le statut français qui doit toujours l'emporter devant les tribunaux français lorsqu'il s'agit d'une matière indivisible, nos tribunaux étant institués pour appliquer la loi française, et devant, avant tout, justice et protection aux nationaux. »

C'est cette doctrine qui a triomphé devant la Cour suprême. Or, n'y a-t-il pas, en effet, contradiction, après avoir reconnu que la légitimation par mariage subséquent est une loi d'ordre public, à déclarer que le statut personnel de l'étranger ne doit pas prévaloir contre une disposition de notre loi qui a un semblable caractère, et à dire, au contraire, que les lois personnelles de l'étranger doivent être appliquées de préférence à la loi française en matière de mariage, alors que l'on reconnaît aussi à la loi sur le mariage un caractère d'ordre public ?

La Cour de cassation s'est rattachée à la doctrine qui écarte la loi étrangère quand elle préjudicie à un intérêt français, en jugeant qu'une femme française mariée à un étranger et redevenant Française à la mort de son mari (art. 19 C. c.) était tutrice légale de l'enfant mineur né du mariage, bien que celui-ci fût demeuré étranger, et que d'après sa loi nationale la tutelle n'appartînt pas à la mère (1).

Dans une autre espèce la Cour de cassation a décidé que, si le statut personnel peut, par réciprocité, être invoqué par les étrangers résidant en France, il convient d'apporter à l'application du statut étranger des restrictions et des tempéraments (Cass. 16 janvier 1861) (2).

Il semblait qu'après l'arrêt de la Cour de cassation de 1860, la jurisprudence dût être définitivement fixée, et que pour les

---

une Française entraîne la légitimation de leurs enfants naturels reconnus, alors même que la législation du père étranger n'admettrait pas un tel mode de légitimation.

La conférence s'est prononcée pour cette opinion.

(1) Cass., 13 janvier 1873. S. V. 73, 1, 13. V. Bourges, 4 août 1874. S. V. 75, 2, 9.

(2) S. V. 61, 1, 306 et la note.

familles françaises il n'y eût plus à craindre des interprétations diverses. Il n'en est rien. Le tribunal de Lille, et, après ce tribunal, la Cour de Douai ont décidé tout récemment que l'étranger légalement divorcé dans son pays ne peut contracter un autre mariage en France du vivant de son conjoint. — La décision du tribunal est motivée ainsi qu'il suit :

« En droit : Attendu qu'en admettant que les effets du mariage contracté, le 11 août 1868, devant l'officier de l'état civil de Lille, soient régis, non par la loi du lieu où est intervenu le contrat, mais par le statut personnel du demandeur, il est de principe que le statut personnel d'un étranger ne saurait être appliqué lorsqu'il est contraire à l'ordre public et aux bonnes mœurs du pays dans lequel il doit recevoir son exécution ; — Attendu que le caractère des dispositions qui ont consacré en France l'indissolubilité du mariage a été consacré par la discussion qui en a précédé l'adoption ; — que, sans avoir à apprécier le mérite des législations des divers Etats en cette matière, il est incontestable que la loi du 8 mai 1816, qui a aboli le divorce, a été essentiellement une loi d'ordre public ; — que l'esprit, aussi bien que la lettre de cette loi, seraient manifestement violés, s'il était permis à Abel-Henri Plaquet de contracter un second mariage du vivant de sa première femme, surtout dans la ville qu'ils ont toujours habitée, et qu'ils habitent encore tous deux aujourd'hui, et devant l'officier de l'état civil qui a célébré la première union ; — que ces faits porteraient à l'ordre public une grave atteinte, et que le statut personnel du demandeur ne saurait dès lors prévaloir sur les dispositions formelles de notre législation ; qu'à bon droit donc, le maire de Lille a considéré ledit demandeur comme toujours engagé dans les liens de son premier mariage, et qu'il refuse d'avoir égard aux actes d'une juridiction étrangère qui ont admis et prononcé le divorce, mais dont, en vertu du principe de l'indépendance des Etats, la force expire à la limite du territoire français... (1). »

Ce jugement, qui s'inspire également des principes fondamentaux de notre législation et des principes admis par le droit international, contient, à notre sens, la solution la meilleure à la question qui nous occupe.

(1) S. V. 77, 2, 45.

DE L'ÉTAT DU FRANÇAIS DIVORCÉ A L'ÉTRANGER AU REGARD DE LA LOI FRANÇAISE

Il est manifeste (art. 3 C. c.) que les Français ne peuvent divorcer, même en pays étranger, aussi longtemps qu'ils conservent leur nationalité d'origine. — « Aucune nation, dit très-bien Story, ne doit souffrir que ses sujets se dérobent à l'application de ses principes fondamentaux au moyen d'actes passés à l'étranger. »

« En Allemagne, en Suisse, en Écosse, aux États-Unis, nos nationaux trouvent le moyen de faire, après un certain stage, ce que *blâme* avec raison le jurisconsulte américain.

« Si, en fait, les Français divorcent en pays étranger, les mariages dissous n'en subsistent pas moins devant la loi française : — tout second mariage est nul, et les enfants qui naissent de ce mariage sont adultérins.

« Le Français se fait naturaliser après s'être remarié. — La naturalisation ne saurait effacer la tache originelle de la seconde union (1). »

Trois hypothèses peuvent se présenter : 1° *les deux époux ont abdiqué l'un et l'autre leur nationalité ; — 2° le mari seul a obtenu la naturalisation ; — 3° la femme seule a changé de nationalité.*

Avant d'examiner ces différentes hypothèses plusieurs questions se présentent tout d'abord à nous. La première, c'est de savoir si un Français *peut acquérir* une nationalité étrangère sans l'AUTORISATION *de son gouvernement*, et quel peut être l'*effet* du défaut d'autorisation.

Les autres questions ont trait à *la faculté* qui *peut appartenir à chaque époux de changer de nationalité*, et aux *effets du changement* de nationalité de la part d'un époux par rapport à son conjoint.

I

La loi dit : la qualité de Français se perdra : « 1° par *la naturalisation acquise en pays étranger;* 2° etc... » (art. 17 C. c.).

(1) Georges, Louis, *Rev. gén. du dr.*, 7 janvier 1877.

Aussitôt que, conformément à la loi du domicile d'origine, l'enfant atteint l'âge de la majorité, il devient libre de changer de nationalité, de porter son domicile dans le pays qu'il lui convient le mieux d'habiter. Un Etat, dit-on, ne peut forcer un régnicole à ne pas changer de patrie. Mais, si le citoyen d'un pays peut se soustraire à une législation qui lui paraît incommode, c'est à la condition d'acquérir une nouvelle patrie qui vient pour lui prendre la place de la première. — L'homme doit nécessairement se rattacher à un pays quelconque.

« La liberté veut, sans doute, dit Foucart, que chaque individu puisse quitter son pays, échapper à une législation qui ne lui convient pas. Mais il ne peut perdre son caractère de membre d'une nation qu'autant qu'il s'associe à une autre, excepté quand cette perte lui est infligée comme une peine. S'il en était autrement, il serait facile de se soustraire aux charges qu'impose la société, tout en continuant à jouir des avantages qu'elle procure. Aussi, est-il certain que la qualité de Français ne peut se perdre par une simple abdication. Il faut, en outre, l'acquisition expresse ou tacite de la naturalisation dans un pays étranger (1). »

Suivant ce savant professeur : « la question de savoir quand un Français est naturalisé en pays étranger dépend de la législation particulière de chaque nation. Elle ne présente pas de difficultés, lorsqu'il est prouvé que le Français a rempli les conditions requises pour la naturalisation. Il n'en est pas de même lorsque la loi étrangère fait résulter de *plein droit* la naturalisation d'actes qui sont du droit des gens, et que le Français a pu considérer comme n'emportant aucun engagement de droit civil : tels seraient l'acquisition d'un immeuble, un mariage avec une femme étrangère, la fondation d'un établissement de commerce...

« La naturalisation est un contrat politique passé entre le gouvernement et le naturalisé. Elle exige le concours des deux volontés, et, en outre, de la part du naturalisé, l'accomplissement de certaines conditions. »

Après le changement de nationalité, la loi de la nouvelle patrie exerce sur l'individu naturalisé les mêmes effets que

____

(1 *Droit adm.*, n° 195.

ceux que la patrie originaire avait exercés jusqu'alors.

La loi de la nouvelle patrie n'a pas d'effets rétroactifs sur les actes passés antérieurement par le naturalisé. Ses obligations résultant d'engagements privés, contractés au domicile d'origine, reçoivent leur exécution dans le nouveau domicile. Il en est autrement des obligations résultant du droit public.

Quelle est donc notre législation en matière de naturalisation?

Le décret du 26 août 1811 porte, art. 1er : « *Aucun Français ne peut être naturalisé en pays étranger sans notre autorisation* (1). » Ce décret est-il toujours en vigueur?

La force obligatoire des décrets impériaux est généralement admise. Cependant, en ce qui concerne la validité du décret de 1811 et notamment de l'art. 1er, le dissentiment existe. — M. Demolombe (2) pense que l'abolition de la confiscation a enlevé toute sanction à cet art. 1er, qui serait devenu une lettre morte (3).

MM. Aubry et Rau reproduisent comme encore en vigueur la différence établie par le décret de 1811 entre la naturalisation autorisée et la naturalisation non autorisée.

Suivant M. Labbé (4), la naturalisation obtenue sans autorisation n'est pas valable pour le gouvernement français.

Le décret du 26 août 1811 frappait le Français qui s'est fait naturaliser sans autorisation, de diverses peines et déchéances. Il prononçait la *confiscation, l'incapacité de succéder* et la *privation des droits civils en France ; — il ne déclarait pas le mariage dissous.* « L'art. 9, qui porte que les droits de la femme seront réglés comme en cas *de viduité,* s'expliquait, dit M. Demolombe, comme une conséquence de la confiscation. »

Ainsi, d'après M. Demolombe, les peines édictées par le décret de 1811 ne sauraient être appliquées. — Mais, le Français qui se fait naturaliser sans autorisation demeure-t-il *Fran-*

---

(1) Aux termes d'une note publiée par le gouvernement fédéral suisser au sujet d'une loi du 3 juillet 1876, les Français qui veulent se faire naturaliser en Suisse doivent produire *l'autorisation* d'expatriation prévue par le décret de 1811. Que s'ils étaient admis au droit de cité suisse sans avoir produit cette pièce, le Conseil fédéral déclinerait la charge de les protéger, contre les effets de ce décret. (*Ann. de lég. étr.,* t. VI, p. 550, note. — V. *Bull. de soc. lég. comp.,* mai 1878.) « Cette disposition, dit-on, prouve que la Suisse se fait une idée très-correcte de notre décret de 1811.»
(2) T. I, n°s 187-188.
(3) La peine de la confiscation a été abolie par la Charte de 1814.
(4) Note au-dessous de l'arrêt du 19 janvier 1875. S. V. 76, 1, 289.

ais? — Nous partageons sur ce point le sentiment de M. Labbé
t, comme lui, nous pensons que « l'art. 1er semble décider
que la naturalisation obtenue sans autorisation n'est pas valable
aux yeux du gouvernement français (1). »

La conséquence de cette doctrine est évidemment qu'au
point de vue de la compétence, aussi bien qu'au point de vue
de l'état des personnes, les tribunaux français n'auraient point
à tenir compte d'une naturalisation obtenue à l'étranger sans
l'autorisation de notre gouvernement. Un avis du conseil d'État
du 20 janvier 1812 a décidé que le décret du 26 août 1811
n'est pas applicable aux femmes.

La naturalisation est toute *personnelle* et ne produit d'effets
qu'à l'égard du naturalisé, et non à l'égard des personnes qui
sont sous sa puissance, c'est-à-dire de sa femme et de ses
enfants (2).

En l'absence de la manifestation *non équivoque* d'une volonté contraire, la femme expatriée ou non expatriée d'un
Français devenu étranger, après le mariage, doit être considérée comme conservant le qualité de Française. « Le mari
n'a pas le droit de faire de sa femme une étrangère, » disait
Regnault de Saint-Jean-d'Angély, à propos de l'art. 214
C. civ.

La solution est la même à l'égard des enfants. — La nationalité est une qualité personnelle que la loi confère, et elle
n'attribue à aucun représentant le pouvoir de l'aliéner en son
nom (3).

D'après Foucart (4), « un étranger peut devenir Français,
tandis que sa femme reste étrangère, et cela malgré le principe
que la femme étrangère devient Française en épousant un
Français : car, dans ce cas, la femme étrangère donne son
consentement au mariage et à la naturalisation qui en est la
suite ; mais, lorsqu'un étranger marié se fait naturaliser, rien
ne prouve que sa femme consente, ainsi que lui, à changer de

---

(1) *Contra* M. Reverchon, Naturalisation du mari, *Revue crit. de lég.*,
février 1877.
(2) Cass., 16 décembre 1845. S. V. 46, 1, 100. — Douai, 3 août 1858, *id.*
58, 2, 513 et la note. — Demolombe, t. I, n° 175. — Aubry et Rau, t. I,
§ 74, note 21. — Laurent. — Pasquale-Fiore. — Labbé, note, arrêt de
cass. 19 avril 1875. — Chambéry, 27 août 1877. S. V. 78, 1er cahier, p. 15.
— Toulouse, 27 juillet 1874. S. V. 76, 2, 149.
(3) Demolombe, t. I, n° 175.
(4) Foucart, t. I, n° 193.

patrie. Il faut que son intention, à cet égard, soit manifestée par sa demande et confirmée par un acte particulier de naturalisation. Il en est de même des enfants du naturalisé nés au moment où la naturalisation a lieu. S'ils sont mineurs, le père ne peut suppléer, dans une matière aussi grave, le consentement qu'ils ne peuvent donner ; s'ils sont majeurs, le père ne peut, à plus forte raison, traiter en leur nom et leur imposer des charges nouvelles; — quant aux enfants nés après la naturalisation, ils sont Français, quand même ils seraient issus d'une mère étrangère. »

Suivant Fœlix, la naturalisation individuelle du mari entraîne celle de la femme. — La femme passe avec lui dans la nouvelle patrie choisie par le mari. C'est, d'après cet auteur, la conséquence du lien intime qui unit les époux, lien consacré par tous les législations. Ainsi, lorsqu'un étranger obtient en France la naturalisation, sa femme acquiert en même temps et *de droit* la qualité de Française, sans qu'il soit besoin d'une déclaration et d'un acte de sa part.

M. Demangeat s'élève avec force contre cette manière de voir. Il la considère comme inique et contraire à la pensée de notre législateur (1).

Cet auteur prétend que le mari peut faire perdre à sa femme son domicile (art. 108 C. c.). « Si l'on admet avec nous, ajoute-t-il, que la loi personnelle de chacun des époux dépend du domicile et non de la nationalité, il en résulte que les époux, bien que n'étant plus membres d'une même nation, seront soumis à une même loi personne'le. — L'art. 3 du Code civil n'a rien de contraire à cette interprétation ; car, lorsqu'il dit que la loi française suit partout le Français, il suppose un Français *résidant* et non *domicilié* en pays étranger. »

L'opinion, d'après laquelle le choix et l'acquisition d'une nouvelle nationalité par le mari lui sont *exclusivement* personnels, est généralement admise aujourd'hui. L'art. 2 de la loi du 7 février 1851 est conçu dans cet esprit que la naturalisation d'un chef de famille est purement individuelle (2).

Il a été décidé, contrairement à l'opinion de M. Demangeat,

<hr>

(1) Fœlix, t. I, p. 105.
(2) Toulouse, 7 juillet 1874. S. V. 76, 2, 149. — Douai, 3 août 1858. S. V. 58, 2, 513. — Cass , 19 juillet 1875.

que la femme dont le mari s'est fait naturaliser en pays étranger et y a établi son domicile conserve son domicile en France
si elle a continué d'y résider (1).

La question de savoir si la femme peut avoir un domicile
séparé de celui de son mari naturalisé à l'étranger se présentait pour la première fois devant la Cour de Douai en 1858. Elle
a fait l'objet d'une dissertation remarquable de M. Le Gentil,
juge à Arras (2).

Notre honorable collègue fait valoir, entre autres considérations, les suivantes : « L'art. 108 du Code civil n'a statué
que *de eo quod plerumque fit*, en d'autres termes, que pour le
cas où la femme reste sous puissance de mari français. — Per-
dant par une naturalisation étrangère la qualité de Français, le
mari perd également son domicile. Ce domicile ne peut plus
être celui de la femme. Et pourtant, demeurant Française,
cette femme doit nécessairement avoir un domicile. Ce domicile est donc tout personnel, et en dehors de celui du mari.
Quant à l'art. 214 du Code civil, on ne saurait tirer un argument favorable à la thèse contraire. En effet, cet article est
placé non au titre du Domicile, mais sous la rubrique des
Droits et devoirs respectifs des époux. Il ne s'occupe que du
point de fait, que de l'*habitation*, que de la *résidence*, chose essentiellement étrangère au domicile. L'un et l'autre article ne
disposent que pour le cas ordinaire d'un mari français et non
d'un mari devenu étranger. »

Cette opinion était celle de Pothier (3). Le projet du Code
contenait une restriction en faveur de la femme. Il portait que :
« le mari qui voudrait quitter le sol de la république ne pourrait contraindre sa femme à le suivre. » Le Premier Consul fit
observer que l'obligation pour la femme de suivre son mari est
générale et *absolue*, et la proposition fut rejetée.

M. Demolombe estime que la femme doit habiter avec son
mari partout où celui-ci juge à propos de résider, mais il
ajoute, comme tempérament à ce que cette obligation pourrait
avoir parfois de rigoureux, d'excessif, que, dans certains cas
particuliers, il appartiendrait aux magistrats de la dispenser de

---

(1) Douai, 3 août 1858.
(2) Voir au-dessous de l'arrêt de Douai dans Sirey.
(3) *Contrat de mariage*, n° 382.

cette obligation par la raison qu'avant tout le mari doit *protec-tion à sa femme* (art. 213 C. c.) (1).

Sans doute, la femme française doit suivre son mari *français* partout où il lui plaira de résider en France et à l'étranger. — l'art. 214 du Code civil est conçu dans des termes généraux, absolus, qui ne laissent sur ce point aucun doute. — Telle n'est pas l'hypothèse que nous étudions. Il s'agit pour nous d'un mari *français* qui s'est fait *naturaliser étranger*, et l'on se demande si cet époux devenu étranger pourra obliger sa femme à le suivre à l'étranger.

La Cour de Douai, par son arrêt du 3 août 1858, a décidé que la *perte de la qualité de Français rend désormais inapplicable au mari les dispositions de la loi française quant au domicile.* — Si la loi française, c'est-à-dire l'art. 108 du Code civil, n'est pas applicable au *mari* devenu *étranger par la naturalisation*, la femme peut donc, d'après l'arrêt de Douai, avoir un domicile séparé et distinct de son mari devenu étranger et domicilié à l'étranger. — Par la même raison, ne faudrait-il pas décider que la femme ne sera point tenue d'habiter avec son mari à l'étranger et de le suivre partout où il jugera à propos de résider? En effet, le mari ayant perdu la qualité de Français, est régi désormais par la loi du pays auquel il appartient.

En se faisant naturaliser étranger, peut-être a-t-il agi en vue de se soustraire aux obligations de la loi de sa patrie d'origine. Or, quelle loi invoquerait-il pour contraindre sa femme à le suivre? — La loi française, puisque sa femme est restée Française. — La loi française n'a d'effet qu'en France.

« Le mari, dit M. Demolombe (2), ne peut exercer le droit qui lui appartient de *rappeler* sa femme que sous la *condition de remplir à son tour le devoir corrélatif que la loi lui impose, de la recevoir selon ses facultés et son état* » (art. 214).

D'après la loi française, nous dit-on, la femme n'est obligée à suivre son mari et à habiter avec lui que sous certaines conditions spécifiées par notre loi; alors, pourra-t-on la contraindre, en vertu de cette même loi, à suivre son mari à l'étranger, si les conditions sous lesquelles l'habitation commune lui est imposée n'existent plus pour elle? — La femme

(1) T. IV, n° 93.
(2) T. IV, n° 95.

n'est pas un ilote ou une sorte de paria, et, si l'on peut dire, avec la loi romaine, *in multis juris nostri articulis deterior est conditio fœminarum quam masculorum*, il nous semble inique de lui faire une situation impossible, en l'obligeant à suivre son mari devenu étranger dans tous les pays où il lui plaira de résider. — Si la liberté individuelle permet à un époux français de changer, selon sa fantaisie ou son caprice, de patrie, de devenir Russe, Turc ou Chinois, de promener, en un mot, par toute la terre, son humeur vagabonde, la femme doit-elle, de par sa loi matrimoniale, le suivre dans toutes ses pérégrinations ?...

M. Demolombe dit que l'art. 214 du Code civil comporte des exceptions que les magistrats apprécieront (1). Cette concession est importante, car, dès l'instant où il sera démontré que la femme ne peut plus trouver près de son mari la protection à laquelle elle a droit, elle ne peut être tenue de lui obéir (art. 213 C. c.).

La femme restée en France y conserve son domicile. — La loi, en effet, fait une distinction entre le domicile et la résidence (art. 108 et 214 C. c.).

En admettant que le mari puisse obliger sa femme à venir résider avec lui à l'étranger, il ne peut faire perdre à sa femme restée Française son domicile originaire, car il est de principe que la résidence à l'étranger ne fait pas perdre le domicile d'origine, et que le domicile que la naissance donne aux individus se conserve tant qu'il n'en a pas été acquis un nouveau.

La loi sur le domicile est une loi d'ordre, d'organisation. Le Français a son domicile en France de *plein droit* jusqu'à ce qu'il ait rempli la condition nécessaire pour le perdre. — Les agissements du mari (2) sont impuissants à détruire une attribution qui résulte de la loi même.

C'est par application de ces principes qu'on décide que, malgré l'art. 108 du Code civil, aux termes duquel l'enfant mineur émancipé a son domicile chez ses père et mère, l'enfant mineur français d'un individu qui a perdu, depuis la naissance de cet enfant, la qualité de Français, a son domicile en France (3).

---

(1) T. IV, n° 93.

(2) Douai, 3 août 1853. S. V. 58, 2, 513. — Toulouse, 27 juillet 1874. S. V. 76, 2, 149. — Chambéry, 27 août 1877. *Id.*, 78, 1er cahier, p. 15.

(3) Paris, 4 février 1876. Dal., p. 76, 2, 193 et la note. — Demolombe, t. I, n° 348. — Aubry et Rau, 4e édit., § 141, p. 577.

La femme qui a acquis par le mariage un nouveau domicile conserve ce domicile après le départ de son mari et son changement de nationalité, si elle continue de résider au même lieu et si elle y établit le centre de ses affaires.

On s'est demandé si le mari, pour changer de nationalité, a besoin du consentement de sa femme. M. Blondeau (1) a soutenu cette thèse : 1° Que le mari n'a pas le droit de changer par sa seule volonté, c'est-à-dire sans la volonté de sa femme, soit la nationalité de celle-ci, soit la nationalité commune, *et que ni l'un ni l'autre des époux ne peut changer sa propre nationalité sans le consentemeut de son conjoint;* — 2° que le consentement du conjoint peut être suppléé *par l'autorisation de justice.*

Dans l'état de notre législation, il nous semble qu'un mari a le droit de changer de nationalité sans le consentement de sa femme. — La femme, au contraire, même séparée de corps, ne peut, ainsi que nous le verrons plus loin, changer de nationalité sans l'autorisation de son mari (2).

La loi ne contient aucune disposition relative à l'époux qui veut changer de nationalité. — Peut-on inférer de son silence sur ce point que l'homme marié ne peut quitter sa patrie sans la permission de sa femme? On ne peut, à notre sens, rien conclure de semblable. — La situation de la femme mariée est tout autre. La femme mariée n'est pas libre de ses actions, elle n'est pas maîtresse absolue de sa volonté, elle est sous la puissance du mari.

Cependant, contre la volonté seule du mari, on peut dire : Le mariage est un acte solennel, mais c'est aussi un contrat civil, un contrat synallagmatique. Le législateur de 1792 ne l'a envisagé que sous le rapport d'un contrat civil, lorsqu'il a déclaré que ce lien de droit, comme tous les engagements formés entre les hommes, pouvait être rompu par le consentement mutuel (art. 1134 C. c.). Or, ce contrat civil impose aux époux des obligations communes (art. 203 et suiv.), des droits et des devoirs réciproques (art. 212 et suiv.). Au nombre des obligations des époux auxquelles le législateur, s'inspirant des sentiments d'humanité, de piété filiale, des devoirs de la famille, a soumis les époux, se trouve l'obligation pour les en-

____

(1) Dissertation insérée dans la *Revue du droit fr. et étr.*, t. I, 1844.
(2) Paris, 4 juillet 1876. S. V. 76.2.249.

fants de nourrir leurs père et mère, et, s'ils ne peuvent leur payer une pension alimentaire, de les recevoir dans leur demeure, de les nourrir et les entretenir. Ces obligations sont communes aux deux époux, au fils comme à la bru, à la fille comme au gendre (art. 206).

Supposez un père et une mère ne pouvant plus travailler, ne pouvant plus s'occuper de leurs propres affaires, et se dépouillant pour marier leur fille. — Les jeunes époux se sont mariés sous le régime du droit commun, sous le régime de la communauté. Le changement de nationalité, sans le concours ou la volonté de la femme, peut avoir pour celle-ci, pour ses malheureux parents âgés et infirmes, les conséquences les plus désastreuses. — Le mari, devenu sujet étranger, sera soumis à la loi de sa nouvelle patrie. — La loi naturelle lui dira bien de nourrir son père et sa mère ou les père et mère de sa femme, mais la loi naturelle, pour bien des gens, est absolument lettre morte. Et, devant les tribunaux, ne voit-on pas, tous les jours, ce spectacle affligeant de parents obligés de s'adresser à la justice pour obtenir de leurs enfants les arrérages de la pension alimentaire qu'ils se sont engagés à leur servir? — Quand certains hommes sont aux prises avec leur argent, il faut peu compter pour les conduire sur les sentiments ou les devoirs de conscience. Le seul commandement auquel ils obéissent, parce *qu'ils y sont forcés...* — c'est au commandement de justice. — « Accorder au mari le pouvoir de changer de nationalité, dit M. Blondeau, serait surtout inadmissible, si on allait jusqu'à prétendre que ce changement peut entraîner celui des conventions pécuniaires de l'association conjugale. »

L'obligation alimentaire subsiste entre les époux, même après la séparation de corps (1).

Le mari peut-il donc, ainsi, seul, modifier complétement les conditions du contrat civil formé entre le mari et la femme?— Pourra-t-il à sa volonté se soustraire aux charges qui lui incombent?

Il est de l'essence des contrats d'obliger non-seulement à ce qui y est exprimé, mais encore à toutes les suites que l'équité, l'usage ou la loi donnent à l'obligation d'après sa nature (art. 1135 C. c.). *Eadem vis taciti, atque expressi.* — Or, que

____

(1) Cass., 8 juillet 1850. S. V. 51, 1, 62. — Demolombe, t. IV, p. 43.

demande l'équité pendant le cours du mariage, c'est qu'un seul des époux, le mari ou la femme, ne puisse, de son unique volonté, changer son état, se soustraire aux obligations imposées par la loi française. — Toute convention doit être exécutée de bonne foi (art. 1134). L'obligation pour le mari de ne pas changer de patrie sans le consentement de sa femme peut paraître une de ces suites que l'équité, la bonne foi, donnent au mariage. — Le changement d'état du mari n'aura-t-il pas pour effet de donner aux enfants à naître du mariage une nationalité différente de celle de la mère, une nationalité autre que celle que la femme en se mariant comptait donner à ses enfants?

Nous persistons néanmoins à penser que le mari peut changer de nationalité sans la volonté de sa femme. — Nous regrettons qu'il n'y ait pas dans la loi une disposition particulière à ce sujet. Mais, dans son silence, il nous semble conforme à son esprit de déclarer que le mari a plein pouvoir, même dans une matière aussi grave, pour agir sans le concours de sa femme.

Si donc le mari peut changer de nationalité suivant sa seule volonté, il ne peut faire perdre à sa femme ni sa nationalité, ni son domicile d'origine. — Cette situation des deux époux est fâcheuse assurément au point de vue de l'unité de nationalité et de l'unité de foyer domestique. — Ils seront soumis, l'un et l'autre, à une loi personnelle différente. — De là peut-être des difficultés très-grandes naissant du conflit des lois des pays auxquels chaque époux appartient. — Sans doute de semblables éventualités sont profondément regrettables. — Mais, étant donné un changement de patrie de la part d'un mari qui ne consulte que ses propres inspirations, il nous semble qu'il convient de concilier, dans la mesure du possible, le pouvoir laissé au mari avec le devoir de protection que notre loi ne doit pas cesser d'avoir pour tous ses nationaux et pour ceux-là surtout qui sont les plus faibles, les enfants et les femmes (1).

S'agit-il d'une femme mariée qui veut changer de patrie, — que faut-il décider?

La femme mariée, *non séparée*, ne peut changer de nationalité sans l'autorisation de son mari. — La femme est soumise à la puissance maritale, et il nous paraît contraire au pouvoir que le mari tient de la loi sur sa femme que celle-ci puisse se

(1) Paris, 4 février 1876, cité *suprà*.

faire naturaliser en pays étranger sans son consentement. La naturalisation obtenue sans son consentement serait donc pour la loi française radicalement nulle.

Nous ne faisons aucune distinction entre le cas où les deux époux seraient domiciliés en France, et celui où ils résideraient à l'étranger; — car, si en France les époux sont soumis à la loi de notre pays, ils le sont également pour tout ce qui concerne leur état et leur capacité, en pays étranger.

En est-il de même pour la femme *séparée de corps*? Nous n'hésitons pas à penser que oui, parce que la séparation de corps ne rompt pas le lien conjugal, elle en opère le relâchement. La femme séparée de corps reste encore soumise pour les cas les plus graves au pouvoir de son mari. Ainsi, elle ne peut notamment vendre ses immeubles, ester en justice, sans son autorisation. Or, dit-on, si la nécessité de l'autorisation reste imposée à la femme séparée, ce doit être évidemment pour la naturalisation encore plus que pour une aliénation d'immeubles. — « La nécessité de l'autorisation maritale procède du mariage et elle s'impose à la femme tant que le mariage n'est pas dissous... La séparation de corps, maintenant le mariage, maintient le principe de l'autorité maritale ; elle ne relève la femme de son incapacité que dans la mesure étroite que la loi détermine (1). » — M. de Folleville objecte qu'il faudrait un texte pour *retirer* à une femme séparée de corps la faculté de changer de nationalité. Il nous semble que c'est le contraire qui est vrai. — M. Bétolaud (2) répondait victorieusement à cet argument lorsqu'il disait : « Je n'ai pas besoin d'un texte spécial, c'est la femme qui devrait en produire un, s'il est vrai qu'elle reste soumise aux obligations dont elle n'a pas été expressément relevée. »

L'honorable et savant auteur que nous venons de citer dit encore : « Accorder au mari le droit de *veto*, c'est abandonner la femme à son caprice et à sa haine. »

Nous ne partageons pas ce sentiment. Nous ne voyons pas en quoi la femme qui ne peut pas se faire naturaliser, parce que le lien conjugal existe toujours, est abandonnée aux ca-

---

(1) Paris, 17 juillet 1876. S. V. 76, 2, 249 et la note. — *Contra* Blondeau ; de Folleville, *De la naturalisation en pays étranger de la femme séparée de corps en France.*
(2) Plaidoirie pour le comte de Beauffremont.

prices ou à la haine de son mari. — Si la femme reste en France, la réconciliation entre les époux est possible, parce que le mari peut surveiller sa femme et s'assurer que sa conduite est toujours celle d'une honnête femme. Les nuages que les époux ont vus s'élever entre eux peuvent disparaître, les causes de leurs dissentiments ne plus exister, et alors le vœu de la loi est accompli, les deux époux ont repris la vie commune. — Souvent des enfants ramènent au foyer domestique des époux un instant séparés; leurs caresses, le souci de leur avenir, cicatrisent bien des plaies, effacent bien des fautes. — Suppose-t-on que de semblables rapprochements si désirables pour la famille, la société, la patrie, puissent facilement avoir lieu, si la femme a abdiqué sa nationalité et vit sur une terre étrangère? — Elle aura recouvré son indépendance... Mais la liberté entière dans un pays éloigné pour une femme, peut-être encore jeune, qui croit avoir des affronts à venger, ou qui rêve des félicités dont notre terrestre séjour n'est pas prodigue, nous paraît un bien dangereux. Les entraînements sont si grands, — les occasions si nombreuses, — et puis, le mari est si loin... — Non, nous ne pensons pas que, dans ces conditions, le retour au foyer délaissé soit facile. — La loi n'a pas voulu autoriser la femme à faire, en ne consultant que sa volonté, un acte aussi grave dont le résultat le plus certain serait de mettre entre les époux une barrière infranchissable.

Cependant, s'il se présentait une circonstance où il serait avantageux pour la femme de se faire naturaliser à l'étranger, dans ce cas nous croyons qu'à défaut de l'autorisation maritale, elle pourrait se faire autoriser par justice. C'est une application des art. 217 et 1449 C. c. — Les magistrats apprécieront le bien fondé de la demande de la femme.

Ces effets de la naturalisation connus, nous passons maintenant à l'examen du divorce et du second mariage du mari et de la femme naturalisés en pays étranger.

Cet examen, après ce qui précède (1), sera très-rapide. Ces questions d'ailleurs nous paraissent avoir été tranchées d'une façon péremptoire par les derniers monuments de la jurisprudence.

(1) Voy. première partie, où les principes généraux de cette matière sont rappelés.

Pour simplifier notre discussion, nous écarterons toute idée de fraude à la loi française de la part des époux. Là où il y a fraude, il est évident que la naturalisation ne peut être valable au regard de la loi française.

II

Notre première hypothèse est celle-ci : *les deux époux se font naturaliser dans un pays qui admet le divorce.*

Nul doute, en l'absence de toute pensée de fraude de la part des époux, le divorce est valable. « Du régime de l'indissolubilité, les époux, dit M. Labbé, ont pu passer sous le régime de la dissolubilité par le divorce (1).

Deuxième hypothèse : *La naturalisation a été obtenue de bonne foi par le mari seul.*

D'après ce que nous avons vu, la naturalisation du mari n'entraîne pas la perte de la nationalité de la femme. Celle-ci reste Française, elle a conservé son domicile en France. Les tribunaux français seront compétents pour statuer sur les questions d'état qui intéressent le mari et la femme, parce que la compétence française est nécessaire pour le maintien de notre ordre public et de nos bonnes mœurs.

M. Labbé dit que le mari naturalisé ne peut divorcer à l'étranger, — « s'il obtient d'un tribunal étranger la prononciation du divorce ou la conversion d'une séparation de corps en divorce, cette décision contraire à la raison et au droit ne devrait pas être respectée en France. »

M. Labbé ajoute plus loin : « De même que pour la formation du mariage, il faut que chaque partie soit capable de se marier, de même pour la dissolution du mariage, il faut que chaque partie soit capable de divorcer. — Le principe qui exige dans chaque époux la capacité de divorcer d'après la loi nationale a une telle importance, puisqu'il touche au maintien du mariage à l'égard d'un époux français, que nos juges devraient refuser de déclarer exécutoire en France, nos·autorités devraient re-

____

(1) V. Merlin, *Questions de droit*, Divorce. — Wheaton, n° 214. — Labbé, note-arrêt de 1876. S. V. 76, 1, 289. « La question de savoir s'ils peuvent demander le divorce pour des faits antérieurs au changement de nationalité est controversée, » dit M. Labbé.

fuser de reconnaître toute décision étrangère rendue contrairement à ce principe (1). »

Au regard de la loi française le premier mariage subsiste. — La loi étrangère ne peut, en effet, annuler ou faire disparaître un acte solennel fait en France, sous la protection de la puissance publique. — Si le mari revient en France, il sera considéré comme non marié à l'étranger. Le principe de l'indépendance des Etats qui empêche un pays de s'immiscer dans les affaires d'un autre pays, permet, en effet, à chaque nation de faire produire ou de ne pas faire produire chez elle, suivant son intérêt, des effets aux décisions intervenues à l'étranger.

Cet époux aura-t-il commis le crime de bigamie? — Nous ne le pensons pas, parce que, pouvant se faire naturaliser, il a pu accomplir un acte conforme aux lois de son nouveau pays. — Le second mariage pour nous n'existe pas, nous ne le reconnaissons pas, mais il échappe à la censure de la loi française. — Si l'on voulait poursuivre en France cet époux comme bigame, il n'est pas douteux que le gouvernement étranger aurait le droit d'intervenir et de réclamer le prétendu bigame comme son national. Il ne pourrait le laisser punir pour un fait qu'il a permis et sanctionné.

Troisième hypothèse : *La naturalisation a été obtenue par la femme seule.*

La femme non séparée, ou séparée, ne peut obtenir la naturalisation sans l'autorisation de son mari. La naturalisation obtenue sans l'autorisation du mari ou de justice n'est pas opposable au mari. C'est ce qui a été décidé par la Cour de Paris, le 17 juillet 1876. — L'arrêt de cette cour porte encore que la femme ne peut se prévaloir de sa nationalité nouvelle et de la loi étrangère, assimilant la séparation au divorce, pour éluder la loi française et contracter à l'étranger un second mariage du vivant de son premier mari. — Ce second mariage est nul (2).

M. de Folleville professe des opinions complétement contraires à celles de la Cour de Paris. — Suivant cet auteur, non-seulement la femme séparée peut se faire naturaliser à l'étranger sans aucune autorisation, mais encore elle peut divorcer et

---

(1) Cass., 31 décembre 1845. S. V. 46, 1, 101 et la note. — *Id.*, 19 juillet 1875. S. V. 75, 2, 189 et la note.
(2) S. V. 76, 2, 249 et la note.

se remarier; car, selon lui, la femme se trouvant désormais régie par un nouveau statut personnel, comme celui de la Prusse, par exemple, qui admet le divorce, la femme pourra se remarier en vertu de la loi allemande : « L'inviolabilité de la personne humaine, dit M. de Folleville, et la liberté absolue de l'état civil, constituent le droit constitutionnel de tout Français : homme ou femme.» La personne humaine est inviolable, — oui ; l'homme et la femme doivent être libres de se marier ou de ne pas se marier; — toute violence de ce côté serait un attentat à la liberté de la personne humaine. Mais, le mariage contracté, la famille fondée, la liberté des époux n'est plus entière. Le mari doit protection à sa femme, la femme obéissance à son mari; — ainsi l'a voulu la loi dans un intérêt d'ordre public.

On peut trouver que nos lois sont trop rigoureuses pour la femme, qu'elles se défient trop de ses forces, de son intelligence ou de son cœur. Une école philosophique célèbre a protesté contre l'état actuel de la société où les femmes affranchies de la servitude ne le seraient pas, dit-on, de la subalternité. Le St-Simonisme (1) est venu proclamer leur complète émancipation au triple point de vue religieux, civil et politique. — Les excès amènent les excès : — à une exagération peut-être de mesures préventives on répond par une demande de suppression de toute loi protectrice, il est si difficile de rester dans ce juste milieu dont parle le sage.

Nous admettons avec M. de Folleville que la femme séparée qui s'est fait naturaliser à l'étranger a obtenu une naturalisation régulière, que la naturalisation est un acte de droit public dont la validité ne peut être appréciée en France. Mais, de même que nos tribunaux ne peuvent annuler une naturalisation qui est un acte relevant de la souveraineté interne d'un Etat, de même les tribunaux étrangers ne peuvent, suivant nous, annuler un mariage qu'une loi d'ordre public, une loi fondamentale de notre organisation sociale, déclare indissoluble.

(1) L'école saint-simonienne a voulu toucher à l'organisation de la famille : d'abord on n'a songé qu'à une *monogamie* tempérée par le divorce. D'après Enfantin, le divorce est la règle et non une exception malheureuse. Le droit à l'inconstance est reconnu au même titre que le droit à la fidélité. Il y a deux sortes de mariage, l'un permanent, l'autre mobile et changeant. La doctrine d'Enfantin a fait scandale et schisme dans la secte. (*Revue des Deux Mondes*, n° 1, octobre 1876. *Le socialisme moderne*, par Paul Janet.)

D'après M. de Folleville, « c'est en Allemagne et devant les tribunaux allemands que doit être discutée la validité ou la nullité du second mariage ; les tribunaux français auraient pu avoir compétence dans d'autres circonstances, à la condition de respecter et d'appliquer la loi allemande. Mais ils sont incompétents pour appliquer le droit allemand dès que la femme a son domicile et sa résidence en Allemagne. »

Que si, en effet, la femme française est devenue allemande par la naturalisation, si elle a son domicile en Allemagne, et si elle y réside, — nul doute, les tribunaux français ne sont pas compétents pour statuer sur la validité ou la nullité d'un second mariage contracté en Allemagne avec un étranger.

Nos tribunaux seront compétents, au contraire, si l'un des conjoints est Français, quel que soit le lieu où le second mariage a été contracté. L'art. 14 C. c. attribue compétence entière à la justice française (1).

L'art. 14 C. c., dit-on, n'est pas applicable à des actions tendant à la nullité d'acte de naturalisation et de mariage. — Cet article de loi ne limite pas la compétence des tribunaux rançais à tel ou tel cas déterminé. — Le mot *contracté*, dit M. Demolomb (2), n'a pas une acception spéciale, — tout le monde est d'accord pour ne pas s'attacher à la lettre de cet article et pour l'appliquer même dans le cas où il ne s'agit pas d'obligations (3). » — Ainsi que nous l'avons rappelé, les tribunaux français, saisis d'une demande de cette nature, n'auront pas à apprécier la valeur de l'acte de naturalisation.

III

L'opinion de M. de Folleville est partagée par M. de Holtzendorff (4), professeur à l'Université de Munich.

M. Holtzendorff estime que la femme française séparée de corps peut se faire naturaliser à l'étranger, en Allemagne, sans autorisation et qu'elle peut valablement s'y marier.

La naturalisation, dit cet auteur, est un *acte de droit public* qui ne rentre pas dans la classe des actes de *droit privé*, qui *seuls*

---

(1) Paris, 17 juillet 1876, arrêt cité *suprà*.
(2) T. I, n° 250.
(3) Toulouse, 27 juillet 1876. S. V. 76, 2, 149 et la note.
(4) *Jour. de dr. int. pr.*, 1876, p. 5.

sont soumis à l'autorisation maritale. — Toutefois, il admet que l'autorisation est nécessaire pour la femme non séparée. — Si l'autorisation n'est pas nécessaire parce que la naturalisation est un acte de droit public, il importe peu que la femme soit séparée ou non : la naturalisation, dans l'un comme dans l'autre cas, conserve toujours le même caractère.

Ce premier argument faisant défaut, on dit : « Si la femme mariée *non séparée ne peut se faire naturaliser sans le consentement de son mari, cela tient à l'unité de domicile, à l'obligation de cohabitation. Or, ce motif disparaît après la séparation de corps.* »

Suivant nous, la femme mariée ne peut se faire naturaliser sans le consentement de son mari, non pas parce que, femme non séparée, elle est obligée à demeurer avec son mari, mais parce que, femme mariée, elle est soumise à la puissance maritale. La séparation de corps ne rompt pas le mariage ; le principe de l'autorité maritale subsiste même après la séparation prononcée.

« Peu importent au surplus, ajoute le savant professeur allemand, les dispositions de la *loi française, c'est la loi étrangère seule qui doit être consultée.* » — Nous avions donc raison de dire en commençant cette étude : La véritable question dans le procès de Beauffremont était de savoir qui l'emporterait de notre législation nationale ou de la loi étrangère.

M. de Holtzendorff pense que ce doit être la loi allemande. — Nous pensons que ce doit être la loi française. — Notre loi, avons-nous répété avec les auteurs et les arrêts, ne saurait abdiquer devant une loi étrangère, toutes les fois qu'il s'agit de maintenir chez nous des dispositions législatives qui intéressent l'ordre public et les bonnes mœurs.

Au surplus, dans l'espèce particulière du procès Beauffremont, la législation allemande ne nous semble pas contraire à notre prétention. — L'art. 8 de la loi allemande du 5 juin 1870 est ainsi conçu : « La naturalisation ne doit être accordée aux étrangers : 1° que lorsqu'ils sont *capables de disposer de leurs personnes d'après les lois du pays auquel ils ont appartenu jusqu'alors,* ou, s'ils ne jouissent pas de cette capacité, quand ils ont l'assentiment de leurs *père, tuteur* ou *curateur.* » — La femme séparée de corps a-t-elle la disposition de sa personne d'après la loi française ? — toute la question est là. — Nous avons répondu que non. — Par le second membre de phrase de l'art. 8 de la loi allemande, « l'incapable peut être relevé de son incapacité par l'assentiment du père, tuteur ou curateur. » — La loi ne parle pas *du mari*. — Dès lors, la femme, incapable de disposer de sa personne par la loi de son pays, ne peut pas être relevée de son incapacité. — N'est-ce pas dans le même esprit qu'a été conçue la loi du 5 avril 1876 sur l'état civil et le divorce dans le canton de Genève? Cette loi dispose : « L'époux demandeur étranger doit justifier préalablement que l'état dont le mari est ressortissant reconnaîtra le jugement qui sera prononcé (1). »

M. le docteur Bluntschli (2), professeur de droit à l'Université d'Heildelbourg, s'est prononcé dans le sens de MM. Folleville et Holtzendorff, — cet auteur s'est placé plus particulièrement sur le terrain du droit public et du droit international.

— Chaque État, dit M. Bluntschli, a le droit de naturalisation; la femme française séparée, une fois naturalisée allemande, peut se remarier. — La loi française et les tribunaux français n'ont rien à voir à ce second mariage. Le droit français ne régit plus l'état personnel de la femme.

Nous avons examiné ces divers points dans le cours de ce travail; il nous paraît inutile de revenir sur ce que nous avons déjà dit à ce sujet.

Enfin, on prétend (3) que l'autorisation maritale ne s'applique qu'aux actes concernant les biens. Or, dit-on, la naturalisation a trait à la personne et non aux biens.

— On a déjà répondu : Si l'autorisation est nécessaire pour les biens, elle doit l'être à plus forte raison pour une détermination qui va placer une femme sous une loi étrangère. La puissance maritale a trait à la personne de la femme, puisque la femme n'est pas maîtresse de sa volonté. Elle doit obéissance à son mari.

— Eh quoi, s'écriait M. l'avocat général Ducreux, protestant au nom de la morale outragée : « une femme pourra donc se

---

(1) *Ann. de lég. étr.*, t. VI, p. 589.
(2) *De la naturalisation en Allemagne d'une femme séparée de corps en France.*
(3) *Revue du notariat*, p. 299, 1876.

donner plusieurs maris légitimes en franchissant les frontières d'un État (1)? »

Nous ne saurions mieux faire, comme résumé de cette seconde partie, que de reproduire les décisions intervenues dans cette grande affaire de Beauffremont. — Elles contiennent, dans un langage concis et élevé, les vrais motifs de se décider dans cette matière délicate.

« Au fond (2) : — Attendu que, pendant le mariage, la femme n'a pas capacité pour consentir, sans l'autorisation de son mari, des actes qui seraient de nature à engager son patrimoine; qu'à plus forte raison elle ne saurait, sans aucune autorisation, modifier son état civil ou sa nationalité; — que, sous ce dernier rapport, sa condition est fixée par la loi elle-même qui, dans le cas où elle est étrangère avant le mariage, lui attribue de plein droit la qualité de Française ; que la loi, en déterminant ainsi la nationalité de la femme, aussi bien qu'en la soumettant au pouvoir marital pour les actes de la vie civile, a eu principalement en vue de maintenir l'autorité du mari, chef de la famille, en même temps que de l'association conjugale ; — que, dès lors, la nécessité de l'autorisation maritale procède du mariage et qu'elle s'impose à la femme tant que le mariage n'est pas dissous ; — Attendu que la séparation de corps et de biens a pour effet de relâcher le lien conjugal sans le rompre ; — que, maintenant e mariage, elle maintient le principe de l'autorité maritale, et qu'elle ne relève la femme de son incapacité que dans la mesure étroite que la loi détermine ; — qu'en ce qui concerne plus spéciale-ment les obligations personnelles que le mariage lui impose, la femme demeure astreinte au devoir de fidélité, dans les mêmes conditions et sous les mêmes sanctions ; — que si, le devoir de cohabitation ayant cessé, elle peut se choisir seule un domicile séparé, elle ne saurait exercer ce droit que tout autant qu'il ne porterait pas atteinte à sa nationalité... »

Appel. — La Cour, considérant... « que (3) la séparation de corps, relâchant seulement le lien du mariage sans le dissoudre, le jugement de séparation prononcé en France, sur

(1) S. V. 76, 2, 237.
(2) S. V. 76, 2, 252.
(3) C. de Paris, chambres réun. MM. de Larombière, premier président; Ducreux, avocat général ; Jardin et Bétolaud, avocats.

sa demande, ne lui a pas fait perdre la nationalité qu'elle avait acquise; qu'elle est restée Française, comme elle est restée la femme du prince de Beauffremont; — Considérant que, si elle est affranchie des devoirs de cohabitation, et si, de cette liberté relative, on est autorisé à conclure, réserves faites du droit de la justice d'apprécier les motifs et les circonstances, qu'elle a la faculté de choisir un domicile là où il lui plaît, même en pays étranger, il n'en résulte pas qu'elle puisse de même à son gré, sans l'autorisation de son mari, changer de nationalité; — que la loi française, qui est devenue son statut personnel, s'attache toujours à sa personne, et la suit partout où elle a fixé sa résidence ou son domicile; — que, hors les cas où il s'agit de simples actes d'administration concernant les biens, la nécessité de l'autorisation maritale est de droit, comme conséquence du pouvoir dont le mari demeure investi après la séparation de corps; — que le changement de nationalité ne rentre dans aucune des exceptions prévues, qu'il doit d'autant moins y entrer dans la cause actuelle, que la femme prétend s'en faire, à la faveur d'une loi étrangère qui n'est pas la sienne, un moyen juridique de transformer, contre la volonté de son mari et les dispositions de la loi française, sa séparation de corps en divorce; — Considérant qu'en supposant possible cette naturalisation à l'étranger, les effets mêmes qu'elle veut en tirer seraient immédiatement annulés par ceux du mariage qui, toujours subsistant, lui impose la nationalité du mari; qu'elle n'aurait ainsi changé de nationalité que pour reprendre à l'instant même, du moins à l'égard de la loi française, qui domine tout le débat, celle dont elle aurait tenté vainement de se dépouiller; — Considérant que, si l'acte de naturalisation dont il s'agit doit être envisagé comme un acte de droit public, que l'État étranger, usant de son droit souverain, est libre d'accomplir indépendamment de toute autorisation maritale, il faut en même temps reconnaître que la question relative à la capacité personnelle de la femme, comme femme mariée, de contracter un second mariage avant la dissolution du premier, se place en dehors de la question de son domicile, et qu'aucune atteinte ne peut être portée aux droits antérieurs du mari, qui est un tiers, par cet acte de naturalisation, qui, en conséquence, ne lui est pas opposable, quelles qu'en soient d'ailleurs, d'après la loi de l'Etat étranger, la régularité et la valeur, toutes questions qu'à raison même du mutuel respect que se doivent entre elles les souverainetés, les tribunaux français n'ont point à examiner, soit pour déclarer l'acte valable, soit pour le déclarer nul; — Considérant qu'il importe peu, en effet, que cette naturalisation ait pu régulièrement s'opérer avec ou sans le consentement du mari; que, dans le cas même où il aurait expressément autorisé sa femme, celle-ci ne serait pas admise à invoquer la loi de l'Etat où elle aurait obtenu sa nouvelle nationalité, pour se soustraire à l'application de la loi française, qui, seule, règle les effets du mariage de ses nationaux et en déclare le lien indissoluble; qu'il s'agit du plus solennel et du plus important des contrats, qui non-seulement ne peut être rompu contre la volonté de l'un des contractants, mais, encore, ne peut jamais l'être du consentement des deux époux; — que vainement la princesse de Beauffremont aurait acquis par sa seule volonté une nationalité étrangère, vainement même son mari resté Français lui aurait donné une autorisation expresse, le caractère synallagmatique et le lien indissoluble du mariage s'opposent, dans l'un comme dans l'autre cas, à ce que, soit la femme seule, soit même les deux époux d'accord (ce qui n'est pas dans l'espèce) éludent les dispositions d'ordre public de la loi française qui les régit;... »

En terminant, nous dirons : — Suivant nous, le mari étranger, régulièrement divorcé, ne peut contracter mariage en France. — Le divorce obtenu en pays étranger par un mari français n'est pas opposable à la femme.

La femme française dont le mari se fait naturaliser étranger ne perd ni sa nationalité d'origine, ni son domicile en France.

La femme française séparée de corps ne peut se faire naturaliser sans l'autorisation de son mari ou de justice. Son second mariage est nul.

On peut discuter encore bien longtemps sur ces importantes questions sans parvenir à s'entendre.

Depuis soixante-quinze ans, ajouterons-nous avec un publiciste (1), — les rapports internationaux se sont multipliés

____

(1) Georges Louis, *Revue gén. du dr.*, janvier-février 1877.

sous tant de formes diverses que, sur certains points, l'œuvre du législateur de 1804 (1) est devenue insuffisante.

La Rochelle, le 26 mai 1878.

A. REGNAULT,

Juge d'instruction.

(1) On peut dire encore qu'il y a dans notre législation une lacune en ce qui concerne l'expatriation des Français soumis au service militaire. La question des fils mineurs des Français naturalisés Suisses a donné lieu, à diverses reprises, à des négociations entre la Suisse et la France. La Suisse pensait que l'autorité militaire française commettait un excès de pouvoir en appelant sous les drapeaux les jeunes gens dont le père s'était fait naturaliser Suisse pendant leur minorité. » (*Ann. de lég. étr.*, mai 1878, note de M. Gogordon sur la loi fédérale du 3 juin 1876.)

(Extrait de la *Revue pratique de droit français*.)

6849. — Paris. Imprimerie de Charles Noblet. 13. rue Cujas. — 1879.

PARIS — IMPRIMERIE DE CH. NOBLET

13, Rue Cujas, 13